鲍勃·埃瑟林顿
商业技能经典系列

谈判技巧

NEGOTIATING SKILLS FOR VIRGINS

菜鸟谈判进阶的
八大要领

［英］鲍勃·埃瑟林顿（Bob Etherington） 著
于丹 译

中信出版集团｜北京

图书在版编目（CIP）数据

谈判技巧：菜鸟谈判进阶的八大要领 /（英）鲍勃
·埃瑟林顿著；于丹译. -- 北京：中信出版社，
2019.11

（鲍勃·埃瑟林顿商业技能经典系列）
书名原文：Negotiating Skills for Virgins
ISBN 978-7-5217-0918-6

Ⅰ.①谈… Ⅱ.①鲍… ②于… Ⅲ.①谈判学 Ⅳ.
① C912.3

中国版本图书馆 CIP 数据核字 (2019) 第 175385 号

Negotiating Skills for Virgins by Bob Etherington.
Copyright © 2008 Bob Etherington.
This edition published by arrangement with Marshall Cavendish International (Asia) in 2018.
No part of this publication may be reproduced or transmitted in any form or by any means, or stored in any retrieval system of any nature without the prior written permission of Marshall Cavendish International (Asia) Pte Ltd.
Simplified Chinese translation copyright © 2019 by CITIC Press Corporation
ALL RIGHTS RESERVED
本书仅限中国大陆地区发行销售

谈判技巧——菜鸟谈判进阶的八大要领
（鲍勃·埃瑟林顿商业技能经典系列）

著　者：[英] 鲍勃·埃瑟林顿
译　者：于丹
出版发行：中信出版集团股份有限公司
　　　　（北京市朝阳区惠新东街甲 4 号富盛大厦 2 座 邮编 100029）
承　印　者：北京通州皇家印刷厂

开　本：880mm×1230mm　1/32　　印　张：6　　字　数：87 千字
版　次：2019 年 11 月第 1 版　　印　次：2019 年 11 月第 1 次印刷
京权图字：01-2018-9018　　　　广告经营许可证：京朝工商广字第 8087 号
书　号：ISBN 978-7-5217-0918-6
定　价：38.00 元

版权所有·侵权必究
如有印刷、装订问题，本公司负责调换。
服务热线：400-600-8099
投稿邮箱：author@citicpub.com

目　录

预警　在你购买本书之前……　　　　　　　　　V

前　言　　　　　　　　　　　　　　　　　　001
　　除非对方说"不行"，否则你不要开始谈判　　001
　　噢……请不要"谈判"……我们是从北半球来的　　002
　　我们"陷入泥潭"　　　　　　　　　　　　004
　　这本书能给你什么帮助呢　　　　　　　　　005

第一章　渴望和态度　　　　　　　　　　　013
　　渴望和态度　　　　　　　　　　　　　　　017
　　积极信念和消极信念　　　　　　　　　　　024

第二章　问题：什么是 B 计划
　　　　　答案：不是 A 计划　　　　　　　031
　　备用计划　　　　　　　　　　　　　　　　034

第三章 讨价还价……物物交换……销售……
"谈判"　　　　　　　　　　　　　　045
销　售　　　　　　　　　　　　　　048
如果你是买方……这对你有什么好处呢　054
讨价还价　　　　　　　　　　　　　057
如果你只想学习怎么讨价还价，方法如下　058
谈　判　　　　　　　　　　　　　　065

第四章 解构"不行"　　　　　　　069
"12个橙子"　　　　　　　　　　　072
基于各方利益解构"不行"　　　　　075

第五章 和"老外"谈判　　　　　　081
文　化　　　　　　　　　　　　　　087
那么，这些真的重要吗　　　　　　　089
和谐是一切问题的答案吗　　　　　　090
应对意大利人（和其他快速的谈判者）的
有效策略　　　　　　　　　　　　097
结　论　　　　　　　　　　　　　　100
我需要告诉你多少次　　　　　　　　102

第六章 我不知道自己为什么那么做
（策略和计谋）　　　　　　　105
不要在家里（或谈判时）这样做　　　107

另一方面……	109
你这样对我，我也这样对你……	110
剩下的时间不多了	112
"是的"框架	114
权力与权威	115
日程表	119
证据和先例	120
备用计划	121
书面协议	122

第七章 "无意识不能胜任"与"有意识能胜任" 129
  无意识不能胜任 133
  有意识能胜任 138

第八章 整合信息 149
  合作和"囚徒困境" 153
  4个前期准备步骤 157
  谈判的SWOT分析 160
  现在你可以开始准备和制订计划了 161

预警
在你购买本书之前……

您手中的这本书非常有价值。

有很多人正在或愿意和你做生意,但他们更希望你手中没有这本书。这本书既通用又实用,是进行大买卖谈判的真正秘诀。

本书为那些认为自己可能不善于谈判或想在谈判中做得更好的人而写(以我的经验来看,这些人通常都是北半球人士)。

但是,首先……

在第二段里我说到了谈判的真正秘诀,但你也许认为自己以前见过或读到过这个秘诀。因此,我们先来做一个自我测试,看看你是否准备好阅读这本书了。请回答下面的问题:

以下图形中哪条线段更长? A 段还是 B 段?

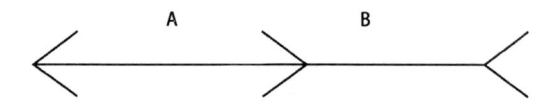

究竟是 A 段长还是 B 段长呢？我知道你以前在无数充满视错觉的儿童漫画和图书中见过这个图形，或者见过类似的图形，但无论如何，请给出你的答案。你会说："它们一样长。"非常好，你知道你的答案是正确的，就像我说的，那是因为你之前见过这个图形。

但是现在如果你愿意的话，我想让你去实际测量一下这两条线段的长度。请你现在就开始测量……如果你现在正在书店里，那么你就用公交车票、火车票或机票的边缘测量一下吧。

是的！我知道！你现在发现线段 A 比线段 B 长了 30% 吧。

但是我们"成年人"一直都是这样——无论它是怎样的，只要我们认为自己以前见过（读到过或听过）它，就"假定"自己知道。也许你觉得自己已经知道了这本书的内容，但我会为你开拓视野，给你惊喜。

这本书涵盖了多年来全世界范围内成功的且实用的谈判技巧。我已经使用这些技巧在销售和购买个人物品（车、房子和电视）的过程中谈判了，也在工作领域里用这些技巧以互利的条款达成了协议（如裁员计划、加薪和价值几百万的国际合约)。

因此,我希望你在读这本书之前(如果你已经买了这本书)放下成年人的怀疑,打开视野,并在下一页的虚线处把以下这句话写下来:

"也许他是对的。"

非常感谢!

鲍勃·埃瑟林顿

"……………………………………………………"

（见上一页）

为谈判新手准备的定义

谈判（negotiate，动词）
- 当别人说"不行"的时候，你要做的事。
- 当想要的好处变少的时候，你要做的事。

打折扣（bigdiscouts，名词，复数）
当不知道怎样谈判的时候，你要做出的让步。

支付过多（paytoomuch，动词）
如果你不知道该怎样谈判，那么你会做的事。

给谈判新手的几条规则

- 除非其他人认为你能帮助他们或伤害他们，否则没有人会和你进行谈判。
- 如果别人返回谈判桌前，那么这说明你身上有他们想要的东西。
- 如果你返回谈判桌前，那么这说明别人身上有你想要的东西。

预警 在你购买本书之前……

前　言

除非对方说"不行"，否则你不要开始谈判

我以前的工作总需要出差。几年前有一次出差，我在香港购物中心的一家相机店和一位来自菲律宾的朋友一起买了一台数码摄像机。这台摄像机的售价大约为 2 000 美元，是当时最好的一款，并且是个名牌。

我很荣幸地体验了一场香港式买卖。我问老板："能便宜点儿吗？"老板不情愿地抹掉 140 美元。我觉得挺好，便宜了 140 美元，哈哈！在伦敦，老板绝对不会便宜！在我马上就要接受这个价格的时候，我的朋友插了一句话："你必须要讨价还价！"（她明目张胆地当着老板和店里所有人的面大声地这么说！）我说："我刚刚已经讨价还价过了。"她说："不是那样的！"她对老板说："我们只付 200 美元。"老板有些尴尬地说："不行！"她说："那我们走！"然后就往外走。这时老板从店里出来追到街上说："等等，我们再商量商量。"

10分钟后，我们以1 300美元的价格买到了那款摄像机，还包括一个手提袋、一个三脚架和一个广角镜头。我们也另付700美元买了另一款不错的数码相机，那款相机当时在伦敦的售价是1 200美元。

这是一次实际的"讨价还价"经历，但你也可以说它是一场真正"成功的谈判"。我们没有强迫对方，离开时也没有人觉得对方"吃亏了"。这对我们双方来说是一笔很好的交易，而我们也都认为这场优秀的谈判带给了我们理想的结果。我为什么谈及这个？因为其中有很多因素标志着讨价还价和高级谈判的基本区别。

- 这是明智之举。
- 我肯定还会去那儿做生意。
- 如果我再去，那么老板可能很开心见到我。
- 我很乐意再去。

噢……请不要"谈判"……我们是从北半球来的

对于我们这些不是来自亚洲、中东或拉丁美洲的人来说，真正的谈判并不是我们生活的一部分，我们的生活中也没有讨价还价。我们白种人通常都不善于谈判，我们在生活和工作中是这样，在大大小小的公司交易中也是这样。许多人甚至认为谈判是一种不礼貌的行为，特别是在"奢侈品"商店或者类似令人生畏的环境中。

"先生,我们能'商量'一下价格吗?"很显然如果你提出有关价格的问题,就说明你付不起钱!

由于这些担心、苦恼和以后可以想象得到的尴尬深深地埋藏在我们的基因里,我们甚至讨厌去想讨价还价这件事情,所以我们在任何情况下都害怕讨价还价。当我们意识到有人要亲自感受类似下面这种情况时,我们就会哈哈大笑(声音太大了吗?):

哈里(一个很会砍价的人): 现在我要卖 20 谢克尔(shekel)。

布赖恩: 我——那我给你 20。

哈里: 你现在是要告诉我它不值 20 谢克尔吗?

布赖恩: 不是的。

哈里: 你看,看它的质量,这不是寻常之物。

布赖恩: 好吧。那我给你 19。

哈里: 不,不,不。快点,好好和我讨价还价。

布赖恩: 什么?

哈里: 好好地讨价还价。这不值 19。

布赖恩: 可是你刚刚说它值 20。

哈里: 噢,亲爱的。噢,亲爱的。快点,讨价还价吧。

布赖恩：嗯，好吧。我给你 10 谢克尔吧。

哈里：这还差不多。10 谢克尔?！你是在侮辱我吗?！我的祖母马上要离开这个世界了，你就给 10 谢克尔?！

布赖恩：好吧，那我给你 11。

哈里：你做得越来越好了。11?！你是说 11 吗?！这个成本价要 12。你是要让我破产吗?！（……）

布赖恩：噢，那请你告诉我该怎么说吧！

哈里：你说给我 14。

布赖恩：那我给你 14。

哈里：他现在要给我 14！

布赖恩：15！

哈里：17。我最后的底价了。不能再便宜了，否则你就打死我吧。

布赖恩：16 吧。

哈里：成交。和你做生意我非常开心。

——选自 1979 年巨蟒剧团（Monty Python）的电影《布赖恩的一生》(*Life of Brian*)

我们"陷入泥潭"

我们马上就要讨论前文谈到的"讨价还价"和"谈判"的区别，但是你首先要明白，如果我们勉强自己去谈判，那么结果会是几个北半球的谈判专家就能让我们惨败。他们无意伤害我们，但结局就是这样，因为我们不知道如何回击。

来自亚洲、中东、拉丁美洲等地的人一般都擅长谈判。我们北半球的人去他们国家度假，回来以后会讲到在这些国家的市场、集市和"露天市场"上买东西的时候发生的故事。我们喜欢并暗暗地羡慕着他们柔和、直接与灵活的沟通方式，同时也害怕自己不具有谈判所需的灵活性、创新性和生动性。就像布赖恩在与会砍价的哈里讨价还价时产生的感觉一样，我们也会感到沮丧和尴尬。我们无法加入专业的言语交流，我们只希望这样的言语交流能快点结束。在进行重要的商业交易谈判时，我们也备感折磨。而对他们来说，这只是一种生活方式，他们在议价、砍价或者谈判的时候不会感到羞愧、后悔或尴尬。他们从小就被教育要这么做，也希望每个人都能做好。如果你不热情地投入其中，那么他们就会感到困惑。

这本书能给你什么帮助呢

就像我之前说过的，你会在这本书里发现谈判的真正秘诀，你一定会发现的！第一章会介绍这个问题的核心。也就是说，如果你真的想要（或渴望）得到一个好的结果，那么你就应该加入谈判。为什么？因为如果你（或另一方）已经对拟议交易中的一些标准条款说（或者即将要说）"不行"，那么在这种情况下，谈判往往就是一件必须要做的事情。因此，虽然很多销售培训图书告诉你这种僵局、死局或反对在某种程度上是一个让你更接近交易的"购买信号"，但是没有证据能证明这一点！事实上恰恰相反。

在谈判中投入时间的另一个原因是你或另一方想要的一些资源正变得越来越稀少，直接的"销售"不会带来令人满意的结果。（在当前的全球能源市场中，参与者正在竞争着日益减少的化石燃料资源，这是一个最好的例子。）

如果你已经尝试过一次经典的"买卖交易"并失败了，但是仍然想和对方做生意，那么你现在就处于一个更加复杂的环境中。你不再处于销售之中，而是接近谈判的边缘。在任何一场谈判中，总会有一方比另一方拥有更大的权力。这里需要简单地澄清一下"权力"一词。因为"权力"不是被给予的，而是你自身拥有的，它仅仅是一种"感觉"。

在这个紧急谈判的时刻，作为一个谈判新手，如果你觉得自己处于弱势地位，或者你对谈判完全没有热情，那么所有的证据（有大量的研究能证明这一点）都表明这对你来说不是最终的结果。你能在商业和谈判（包括我们的生活）中获得多大的成功，取决于你的态度和渴望。所以第一章我们要讨论在开始谈判之前你能做些什么来唤醒你的态度和渴望。一旦你将第一章的内容融会贯通,你就已经准备好阅读第二章揭示的大秘诀,即备用计划(或"后兜里的信")了。如果最初的旅程没有按照既定计划进行,但是你已经提前做好备用计划,知道出现这种情况时可以在何处着陆,那么你就能从中获得大量的自信。所有的谈判新手都需要了解之前计划好的选择的本质属性。现在许多国际公司都强制要求高管层在允许团队和交易方谈判之前给董事会或执行委员会提交一个备用计划。如果对他们来说这个计划已经足够好了,那么这对你来说也就足够了。

我会在第三章中清楚地阐明销售、讨价还价和谈判之间的不同点,以确保你能理解它们的区别。你会发现,"讨价还价"在很大程度上是一个财务调整和易货问题,而销售和谈判则主要是(或应该是)感知价值的问题。谈判是销售的"难兄难弟"。你会发现,你应该在进入谈判之前就争取向对方"销售"产品。在"销售"中,你和对方会根据一套标准的预设条款达成协议并谈好价格。价格可能会受价格折扣公式的影响,这是标准条款的一部分。这些条款要么符合你自己的利益,要么符合对方的利益,要么可能对双方都有益。

提到谈判,很多复杂的问题迎面而来。当按照标准条款不能达成交易时,你就必须准备以某种方式改变条款。谈判场上的新手通常会试图"关闭"交易,因为他们只改变一个"条款":价格!而且,如果你是卖方,通常会降低低价格;如果你是买方,通常会支付太多。我已经记不清有多少次听到卖方说："价格方面……我们要的太贵了！"或者听到买方说："这不好……我们必须付款……其他什么都做不了！"实际上，除了价格，你还会在第三章中看到很多其他的事情。本书介绍的是谈判，而不是讨价还价。

第四章是解构"不行"。我们都听过自命不凡的人脱口而出的贬低别人的话："说了'不行'，你哪里不明白？"然而，除了我方或对方说"不行"，其实还有很多的因素会导致"不行"。作为一个新手，你绝对需要坐下来分析一下自己说"不行"的原因。你究竟想从谈判中得到什么呢？如果你想要的真的是钱，那么你想用它做什么呢？你可以通过其他的方式达到相同的目的吗？你为什么想要它呢？总结再总结。

如果你想要一个类似的例子，那么你可以从民俗角度分析一下老板和员工的关系。在这两派中通常有一个观点：老板想要"第一"，员工想要"钱"。但当被问及这个问题时，员工几乎不会把钱列为"第一"。所以，你必须用同样的方式在谈判之前分析你所有的需求，然后站在对方的角度，想想他们说"不行"的背后隐藏着什么。

钱不是唯一的影响因素。第四章会告诉你如何做到这一点，并为你提供一个计划工具，可以让这个过程变得更容易。

然后在第五章，我们会开始讨论对于大部分人来说最重要的问题——人的问题。"他太让我生气了！""我真是太讨厌那个女人的行为了！""就那些人！坐在桌边的那个亚洲人什么都不说！""我觉得那个英国人好像永远也说不完。""我无法和俄罗斯人进行谈判……就是因为他们的态度。""在会议中间，这个阿拉伯大叔突然出现了，一切就都停止了……这太愚蠢了。我再也不会那么做了。""我不明白那些美国人为什么想要谈判……那是我们第一次见面。我甚至都不认识他们！"

人们经常会因为很多原因而不喜欢对方，有时候这与人们从电视和报纸上获得的认知有关。偶尔，人们会不理智地将某个特定的族群视为一体，并决定不喜欢他们，这通常是受当地政治宣传的影响。最近，一位美国移民局的官员在休斯敦国际机场看见我的英国护照上有两枚伊朗的邮票，便问我："为什么所有的伊朗人都恨我们？"但是，"恨"并不是你在21世纪初期走在德黑兰街头时产生的感觉——在这座城市里，大部分受过良好教育的年轻人都会竭尽所能学习美式英语，并去美国旅行。

事实上，世界上大部分人只是想要一个美好的人生。他们通过自己的眼睛而不是我们的眼睛去看待这个世界。他们并不是要和你我作对……他们只是为了自己。仅仅因为他们不像你或我的家人、公司、族群或者国人那样去看、去听、去做、去想，并不意味着你或我就不能和他们进行谈判。我可能会因为合理或不合理的理由而不喜欢他们或你，反过来讲，他们也是这样。但是，如果双方可以达成互为有利的交易，那么我愿意将这些理由放在一旁，并使用第五章讲述的技巧和你谈判，直到我们"达成"交易。

你会在第六章中看到马基雅弗利式的旨在操纵别人的脑力游戏和心理战术。其实心理工具并没有那么坏，它可以被用来说服别人顺着你的思路思考，但是没有在关于谈判的教学图书（尤其是为谈判新手准备的图书）中提到一些简单易学的心理工具是我的疏忽。如果你不想那么做，那么你就不必使用这些工具，但是如果别人用这些"计谋"来对付你，那你就一定要将它们识别出来。它们虽然被深入研究过，但却根本不复杂。事实上，它们是如此简单，以至于大多数人对其他人的"计谋"的预先反应都是："那永远不会对我起作用！"但是在谈判培训课上，如果我不提醒参与者我要使用心理工具来影响他们的行为，并让他们做一些他们原本不会做的事情（比如给我一些完全不值得的热烈掌声），那么他们就不会察觉到这一点。大多数人都对此深感震惊。过后他们经常会因自己的大意而感到抱歉，其实没有必要道歉。想和我们做生意的人会对我们使用一些非常简单的计谋，令人惊讶的是，我们都非常容易受到这些计谋的影响。

因此，本书的前六章会解释所有既有经验又成功的谈判专家所使用的计划工具和技巧（有些甚至是"计谋"）。然后我们进入"现场实际应用"，因为第七章讲述的是当你在真实的生活中和对手进行谈判时应采用的行为方式。"举止得体"是我童年时期的座右铭。但是对于谈判者来说，过去40多年的学术研究表明，有一些明显可识别的行为习惯可以破坏谈判，也可以促成谈判。在第七章中，你会了解到谈判中没有自动操舵仪，也没有公式化的方法可以让你每次无须进一步的实时输入就能进入你所选择的着陆区域。因此，我将向你介绍一些经常绊倒和困住普通谈判者的传统不良行为和一些有经验的成功谈判者习惯使用的良好行为。第七章揭示了每个类型的4种行为，分别是优秀谈判者使用的4种良好行为，以及普通谈判者使用的4种造成谈判失利的错误行为。

最后，第八章整合以上所有内容，告诉你如何用本书先前介绍的所有方法为一场真实的谈判做准备和制订计划。如果你深入阅读本书，你就会发现，结束意味着开始。谈判通常不是一件发生后就结束、然后又开始的事情，它是一个持续的过程。我们通常为谈判做准备的首要原因是，我们想再次与这些人打交道，所以我们付出一些时间和精力给他们一点儿回报，自己也收获一些回报。一旦你掌握了所有这些相对简单的技能，你就能为下一次真正的谈判做好准备。

《谈判技巧》这本书不长，也不需要很长。人们可以给"谈判"这个主题装饰许多冗余的细节（为了让你花更多的钱或买另一本书？），但其实你可以只应用这8章里的技巧，然后看看会发生什么。

所以挑战是存在的。请按照我在这本书里说的去做，其余的无须再考虑。首先，确保你真的想在下一次谈判中取得好的结果，这是最重要的。然后：

（1）做好适当的准备（大部分谈判者都没有这么做）；（2）如果谈判不成功，那么你要清楚地知道怎么做（大部分谈判者都没有备用计划）；（3）当你可以提问时绝对不要进行陈述（大部分谈判者都不明白他们"说"得太多反而会把事情弄糟）；（4）控制对手对时间的感知（大部分谈判者都不知道怎么做这件事或不知道这么做的价值）；（5）控制对手对你的权力的感知（大部分谈判者都不知道权力与现实无关，而是与感知有关）。

然后，当你在你的下一场谈判中应用了这些知识后，请联系我，让我知道发生了什么——无论效果好坏。我不是一个畏首畏尾的人，我会接受你的反馈。

这就是我要说的。

期待你的成功！

第一章

渴望和态度

通往成功的电梯瘫痪已久，唯有使用楼梯，你才能一步一步往上爬。

——乔·吉拉德（Joe Girard），世界推销之王

我们内心低估自己。我们并不真的相信自己，因而软弱、徒劳甚至无能，但这也是我们可以使自己变得强大、主宰自己的命运并获得胜利的时刻。

——诺曼·文森特·皮尔（Norman Vincent Peale）博士

你想成为一名成功的谈判者，这是一个非常好的开始，比想成为一个失败者要好太多了。

然而，你实际上谈判得有多好并不仅仅取决于"想"。在本书里，我会向你展示许多说服和"价值创造"的技巧。但是，你实际上能成为一名多么优秀的谈判者取决于一个非常重要的因素，这个因素胜过其他一切因素，大部分类似图书却往往忽略了它：你的渴望。

首先，我是谁？

我叫鲍勃·埃瑟林顿，是一名推销员。

我知道这和人们在匿名戒酒互助会上的介绍差不多，但是从结果来看，我是一位经验丰富又成功的沟通者、商业说服者和销售经理。我在社会中磨炼了 37 年，最后获得成功。（欢呼！）郑重说明，我也是一名飞行员、工程师和企业老板，但是销售活动仍占据着我大部分的工作时间。

因此，我把大量的知识浓缩在你正拿着的这本书里，帮你省去 37 年的辛苦。我并不比你优秀，但是我学到了很多商业说服方面的知识，你会在书里发现这一点的。

虽然许多商业人士都不太热衷于物品销售或交易谈判，但事实上销售和谈判是所有商业企业最重要的两项活动。为什么？因为没有它们，什么都不会发生。

现在你即将要学习销售，（我最初是于1970年在英国兰克施乐公司接受培训的）其中有一门必修课是教我们如何与潜在客户进行初次接触的。我曾经学过一门关于如何写有效的、开门见山的销售信的课程，这门课程的"第一节课"就解释了一些让许多目标收件人愿意看销售信的方式。

你看，一旦你的潜在客户禁不住诱惑打开信封（让他们这么做本身就是一门艺术与科学），他们就会做一些让你意想不到的事情。他们首先看的是信的结尾。

这就是为什么大部分有效的销售信的结尾都有"附言"。最强烈的销售信息经常出现在信中的"附言"里。但是由于这是一本关于谈判的书，而不是一封信，所以它的开端部分有附言（前言），结尾处也有附言（后记），它们是一样的。我给你（谈判新手）的大部分重要信息都在那些附言里，它对你成功地成为一个顶级谈判者至关重要。

请看这里：

附言：除非你希望达成你能想到的最好的交易，否则永远不要参与谈判。

渴望和态度

正如生活中的许多领域一样，研究和学术观察一再证明：成功的谈判结果通常与培训、知识和经验的关系不大，而与你的态度和渴望有很大关系。

在过去的几年里，我参加和主持了世界各地的许多谈判培训项目。代表们往往能在项目结束时通过各种各样的评估测试。他们的确知道该用什么方式去进行一场完美的技术谈判，他们在商务游戏和模拟谈判练习中也做得很完美。然而，在把他们置于真实谈判场景中，涉及真实的评估、产品、服务和资金时，他们可能会在本来可以为自己或企业赢得的交易中失败。

我被介绍给一些人，他们被认为是公司的"首席谈判代表"，拥有多年的谈判经验。他们邀请我观察他们的行为并给予反馈。（在这种情况下，人们通常想要的是积极的反馈。换句话说，好的评价能增强他们脆弱的自尊心。作为他们的顾问，除了最初的简要介绍，我对他们没有什么特别的要求，尽管他们在有些方面不尽如人意。）我坐在最后观察他们的行为。这种专家经常以一种合理、普遍且颇有技巧的方式行事。确实，这种专家经常能达成协议，就好像"不惜一切代价"是他最初的目标。虽然谈判的另一方经常会因为年纪较轻而被默认为缺少经验，但是强大的欲望和渴望会让他在谈判中轻松地获得成功。

有一次，有人（实际上是我当时的老板）要求我看、听和观察这些"有经验的谈判者"中的一位，然后想从我这里得到一些指点。他最终因为没有进展而感到非常沮丧，但仍决心给人留下深刻的印象（是想给我留下深刻的印象吗？）。最后他向对方团队的领导说出了一句让人印象颇深的话："我给你提供什么经济激励能让你今天和我们达成交易呢？"对方的眼睛像榨汁机里的卷轴一样旋转着。我很意外，他们的领导竟然没有模拟收银机说："收下了！"

与谈判桌另一方的欲望和渴望相比，你对获得最好的谈判结果有多大的欲望和多强烈的渴望是你离开谈判桌时带着最佳交易结果的关键。

这不是要以牺牲另一方为代价而达成"交易"。这只是要实现你自己的价值，以一种向谈判桌对面坐着的人传达目标感和信心的方式去思考和行动。你甚至可以通过自信地设定一个高期望目标来将这种想法扩展到一个代表你谈判的团队。

在我为公司设定的内部谈判培训项目中，我们实际上已经在培训练习中用一点儿小手段证明了这种高期望或高度渴望方法的有效性。

我们把代表们安排在不同的房间里，然后同时进行两组几乎完全相同的谈判练习。他们所谈判的资产对买方或卖方是否具有有形资产价值……这都在观察之中。

谈判小组的买方有一份相同的简表，但我们给卖方设置了不同的目标。一个"卖方"小组的目标是拿到50 000英镑，而另一个"卖方"小组的目标是拿到20 000英镑。在我们每次的练习中，设置较高期望的小组都会最先结束谈判，而且谈好的价格比设置的目标价格更高。令人惊奇的是，买方并不觉得为难，卖方也不觉得自己在强加于人。当我们最后向小组成员们公布结果时，他们一般都会为这样的结果和原因感到震惊。

如果我们给自己设定较高的标准和目标，并真心希望能实现，那么我们就会为自己最后所取得的成就感到惊奇。英国赫特福德大学（the University of Hertfordshire）的理查德·怀斯曼（Richard Wiseman）教授在他的著作《幸运配方》（*The Luck Factor*，这是一个针对幸运儿们可重复行为的学术测试）中写道，幸运儿四大关键行为之一就是他们期望幸运。所以在谈判之前，对于谈判新手来说，很关键的行为就是设定自己的渴望和期望。

这并不总是容易的……19世纪美国哲学家亨利·大卫·梭罗（Henry David Thorean）曾说："大多数人过着平静而绝望的生活，然后带着未唱出的歌走向他们的坟墓。"在我看来，尽管人们可以选择大量具有积极意义的自助图书，但是这个问题在21世纪并没有太多改变。（难道我们真的天生就觉得自己不如别人吗？）

几年前，一项在一家大航空公司的头等舱区进行的匿名调查显示，当时在座的76%的乘客认为他们自己不应该坐在头等舱里！他们觉得迟早会有人发现他们不配,他们的价值远低于他们曾经引导其他人所相信的价值。

然而,我遇到的大多数人都有可能成为他们自己想成为的人。

我之前在我的一本书［《演讲技巧》(*Presentation Skills for Quivering Wrecks*)］里说过,以我的经验来看,全世界的大多数商人似乎都在脑子里播放磁带或CD(光盘),这对他们毫无助益。磁带或CD里反复播放一句话:"当他们发现我只是我时,他们会怎么做?"

谈判新手们!如果你这么想,请马上停止。今天开始不要再听那盘磁带了。

作为人类,我们的愿望在很大程度上受自尊支配,而我们的自尊主要来自我们头脑中不断的对话。

实际上,我是在2007年8月写的本书的这部分内容,那时我刚为亚洲一家公司主持了一个内部谈判培训会,所以坐747客机返回伦敦。("我从前面座椅靠背的电视上看到了播放的移动地图,当时我们正飞行在伊斯坦布尔北部……下方有一些非常擅长地毯贸易的谈判者。")

无论如何,在刚刚结束的亚洲培训项目中,有一位很有能力的代表——一个澳大利亚人,他证明了自己是一位很有潜力的优秀技术谈判者。但是在整个星期中,他的问题始终是缺乏自信。他在每次练习中都不断重复一个借口:

"不，但是……我只是想提醒你我不擅长这个。"(他很优秀。)

"不，但是……我实际上是一个"技术专家"，在销售这个领域没有什么经验。"(他还不错。)

"不，但是……我们的产品太贵了。"(产品并不贵。)

"不，但是……在现实世界中我们必须要给客户打折，这是客户的需求。"(我确定客户需要折扣。价格一直都是问题，但是你不要给他们打折。)

谈到个人愿望的时候，这位澳大利亚人总是暴露自己的缺点。如果他一直这样做，那么他就会把价值拱手送给对方，其实即使他不这么做，对方也会非常愿意付钱。

通过改变头脑里的对话，他就会非常迅速——惊人的速度——地改变他对自己的看法，也改变别人对他的看法。

作为开场白，我建议他把"不，但是……"（他说的每句话几乎都是以这种形式开头的）换成"是的，而且……"，这样就去掉了下面要说的话中的所有消极部分。如果他注意这一点，那么我估计其他人会在两个星期内发现他的变化。

几年前，当我和我的商业合伙人坐在我在伦敦公寓里的餐桌旁第一次建立我们的培训业务时，我们从没有在规模或业务的初创属性上撒过谎。潜在客户从未就此提出过问题，因为他们没有问，所以我们什么也没说。他们告诉我们他们想要解决的问题类型，我们告诉他们我们会如何提供帮助，而他们通常会雇用我们。

有时，他们在知道我们的费用之前就决定雇佣我们了。在我们建立自己的组织之前，我们一直都表现得好像是一个庞大组织的一部分，而我们一直都在这种组织里工作。

我们的期望值很高。我们提供高级别服务，所以我们没有任何抱怨。我们生怕自己会动摇，所以我们甚至任命了一位外部董事长为我们的公司工作，他会为公司设定一个持续的高绩效和销售目标。我们的策略很有效，赢得了一些真正的国际大客户。有一天，在完成一些任务后，我在伦敦希斯罗机场遇到了一个特定大客户的联系人。

他说："你好，鲍勃。今天早些时候我在你公司附近大街上的一家网球店。你的办公室是在那附近吧？我没看见你们的办公楼。你们的办公楼在哪儿呢？"［办公楼？……办公楼？只有我们两个人，和我家餐桌上的一部电话、一台笔记本电脑（笔记本电脑还是借来的！）］

但是我们的愿望水平和期望值一样高。我们在为自己的交易谈判时，从来不会因为折扣的压力而屈服……我们也不必那样做。我们经常以很忙碌的状态出现，以保持自身的"稀缺性"。在面对竞争者的时候，即使我们的笔记是空白的，我们也会保持冷静！每当面对费用压力时，我们会从谈判桌前"走开"无数次。奇怪的是，在那种情况下，任务和金钱总是追着我们跑……大概80%的情况都是这样。有一位客户的邮件就是一个典型的例子，邮件内容复制如下：

> 亲爱的鲍勃：
>
> 感谢您在过去的两个月中对我们提出的销售和营销计划进行了一系列有趣的讨论。我们刚开完月度董事会会议，在会上我们考虑了您与其他人的提案。我不得不说，董事会认为相比之下您的报价很高。尽管如此，我们接受您的报价，请您尽快通知我们你方的工作开始时间。
>
> 约翰

那么，任何人都可以利用一些心理工具来增强个人自尊、期望和愿望，让我们达到"顶级谈判者"的标准水平吗？是的，答案就在眼前：对于足球运动员大卫·贝克汉姆（David Beckham）、高尔夫球手泰格·伍兹（Tiger Woods）和所有2006/2007澳大利亚板球队的队员（以及所有成功的体育明星）来说，现代体育心理学是一个充满技巧的世界，他们在这个世界里长期努力并不断取得成功。

你看，大多数的顶尖体育明星也仅仅是普通人。他们并不是在"禁用药品"的瓶子里寻找成功，他们知道一定要在自己身上寻找成功。他们也和你一样饱受自我怀疑和缺乏自信的折磨。我知道你从来没有对朋友和家人承认过这些，就像那些运动明星（和波音747客机上的头等舱乘客）一样，你在公众面前讲话很有风度。但如果任其自然发展，那么大多数人的自言自语都不是在抬高自己，而是在贬低自己。

体育明星最常遇到的一个挑战就是怎样提高成绩。让他们感到沮丧的是，他们知道自己和竞争对手相比拥有优越的身体素质和其他优势（可能就像你要与对手谈判一样），但却一直在竞争中处于劣势（就像你在谈判桌上被对方团队说服一样）。

在很多这样的体育项目中，人们发现，运动员们相信自己有能力赢得比赛的信念是他们在最终比赛里表现出色的基础。简单地说，与对手相比，他们对自己的优势和能力抱有限制性信念。但是研究显示，一个人在生活中的核心信念最终会决定他在生活中所面对的现实！……优秀运动员、差等运动员、一般运动员。

那么，你如何将限制性信念转变为积极信念呢？积极信念可以转变你的期望和渴望，把你从一般谈判者变成顶级谈判者。

积极信念和消极信念

首先，我想问问……你会自言自语吗？（我会自言自语吗？……我不知道？我现在想想……）你看，心理学家和神经学家早已证实，我们（世界上的每一个人）每分钟都会进行

150~300个字的连续对话或自我对话。这意味着我们每天要处理45 000~50 000个想法。大部分对话都是无害的，服务于我们的日常生活，比如"我需要在超市停下来"。当你的内心对话带有消极含义的时候，问题就出现了，就像"我不得不给他们一些折扣……他们处于更有利的地位""我们在这个市场中只是一家初创公司，没有这方面的竞争经验"或"这儿有太多和我们相似的公司，我们没有机会得到它"。我们习惯性的消极自言自语会产生持续的负面强化作用，从而直接导致限制性信念的产生，这种信念最终会成为自我实现的预言。

积极的信念或消极的信念都是一种肯定的感觉。实际上，信念是通过神经通路与我们的大脑紧密相连的。来自你的感官的信息通过这些神经通路在大脑中传递。因此，如果你真心想把一个无趣的信念或限制性信念转变成一个充满力量的信念，那么你就必须改变你大脑中的消极神经高速公路。

你可以用与一开始铺设道路完全相同的方式来实现这一目标：通过自我对话或者人们通常所说的"肯定话语"。肯定话语就是你所陈述的事实或信念（消极的或积极的）最终会产生你期望的结果。"我是"后面的词句都是肯定的话语，比如"我是一个优秀的谈判者"或"我对我的服务价值充满信心"。肯定话语的简单性往往会使愤世嫉俗的人忽视它们。但是如果你向任何一位成功人士征求意见（我经常这么做），你就听不到愤世嫉俗的话语。成功的

第一章 渴望和态度　　　　　　　　　　　　　　　　025

商业人士和专业运动员经常使用肯定话语。

这就是你如何为自己创造有效的肯定信念。这个过程很简单。首先，想想生活中让你不满意的地方……就你的情况而言，是谈判成功的领域。现在，写下你的励志宣言，用你想要的方式表达它。这些将是创建资源丰富或积极的新型高速公路的工具。你的肯定话语应当简短扼要，并且一定要简单得小孩子都可以理解。因为你的大脑里不能装有消极的思想，所以它一定要以积极的方式被表达："我是一位真正自信的谈判者"，而不是"我不担心谈判"。还有，你的肯定话语必须用现在时陈述，就好像它已经发生过一样，比如"我是一位非常成功的谈判者"。

现在你要用这些肯定话语和你的大脑开个玩笑，以改变你对自己的看法和对世界的看法。

你认为你的感知（你看待事物的方式）是真实的，是不能被改变的吗？你恐怕错了，我正要证明这一点。在你继续阅读之前，让我向你证明你的大脑一直在和你开玩笑。有了这些渴望，你就会开始找回自己。下面是一个棋盘，其中有两个方格分别标记着"A"和"B"。这里有一个问题："A"和"B"哪一个方格的颜色更深？

现实？在那里……还是……只在你的头脑里？

慢慢来……很容易，不是吗？当然格子"A"的颜色更深……当然是这样，傻瓜都能看得出来！但是如果我告诉你一件事呢？如果我告诉你它们是同样的灰色格子会怎样呢！如果我告诉你它们的颜色确实一样呢！再看看……好吧，你现在肯定觉得我完全疯了吧！但它们确实是一样的。只是因为你的眼睛看见的是一张三维图片，它告诉你的大脑背景后面的格子颜色深些，前面的格子颜色浅些，所以这就是你所感知到的，但这不是现实。位于波士顿的麻省理工学院的心理学家爱德华·H. 阿德尔森（Edward H. Adelson）研究了这种错觉，以验证我们都不是"疯子"。你可以查看网页 http://web.mit.edu/persci/people/adelson/checkershadow_illusion.html，在那里你可以自己验证它。（是的，正如你将会看见的，就像上面的方格一样，它们的确是相同的灰色。）

第一章　渴望和态度

所以，现在你要开始向你的大脑呈现不同的图像并进行自我对话，目的是以完全相同的方式改变它对现实的感知。就像上面的棋盘一样，你要改变你对现实的看法，直到它成为你的现实！

那么，你准备好应用这门科学了吗？（记住，这种技术不仅仅对你渴望的谈判有效，而是在人类表现的所有领域里都有效。）

> 端正地坐在床上或舒服的椅子上。闭上眼睛，花上两分钟左右的时间从脚趾到头部慢慢放松。想象你站在一个 100 级楼梯的顶部，从楼梯上向下走，一边走一边数着台阶。100……99……98……97……每走一步，你都会觉得自己越来越放松。在你想象出来的楼梯底部大声地说出你的肯定话语，重复 5~20 次。（这取决于你拥有的时间和重新创造的信念的数量。）当你完成练习时，慢慢地从脚趾到头部将自己从放松状态中拉出来，并睁开眼睛。
>
> 每天重复这项练习，坚持 30 天，你就会发现自己的改变。记住，你要做的就是"去做这件事"。改变会从你的大脑开始，很久之后你才会意识到它。

为什么你必须要大声地"说"出肯定话语呢？这样做，你就能够通过包括听觉和感觉在内的感知来更多地刺激你的大脑。你必须要相信这个过程，你必须要给自己的肯定话语一个机会来达成你想要的结果。如果你担心或怀疑自己,或者想知道你的肯定话语是否有效,你就会把这种担忧传递给你的潜意识。在这样做的过程中,你会产生一种信念,即你的愿望可能不会实现,或者你的肯定话语也许不会成功。每个想这么做的人都会经历这样的过程。大胆去做吧!

是你的信念创造了你的人生经历,不是你的人生经历创造了你的信念。利用肯定话语来组织和控制你的信念,去创造一个充满成功经历的人生吧。这些经历将强化创造它们的信念。商业世界不一定是由最优秀的人领导的,但总是由认为自己最优秀的人领导。

所有现有的研究都表明,当经验和训练与高渴望和高期望相悖时,那些有抱负的谈判者往往更容易脱颖而出。

就是这么简单。

第二章

问题：什么是 B 计划
答案：不是 A 计划

对于飞行员而言，飞行的高度和降落的跑道最重要。起飞是可以选择的……着陆是必须的。那么你的计划是什么呢?

——我的第一个飞行教练员戴夫·劳伦斯（Dave Lawrence）

学习飞行是一件让人很开心的事情……我做到了……这并不难……中等智力的人准备12~15个小时就可以进行"第一次单飞"。那么，为什么大多数人要用至少50或60个小时，甚至更多的时间才能拿到飞行执照呢？这是因为教练要花费大量的时间培训新人，让他们知道当事情的发展出乎意料时该怎么做。在开始飞行之前，飞行员必须先计划好路线，最重要的是，如果他不得不提前降落或意外迫降，那么他要知道着陆的地点。为了保持英国飞行执照的有效性，你必须每隔两三年就找一位能随时在英国乡村的上空拉下油门杆的教练或考官，他会问："你的发动机发生了故障，你要在哪儿着陆？"他期望你在再次慷慨地使用全部动力之前，能在距离预先计划好的着陆点的几百英尺以内选择一个着陆场地，然后驾驶着一架失去动力的飞机向下滑行。或者，他们会让你戴上涂黑的眼镜（飞行时只看得见仪表的眼镜）并带你盲飞几分钟，让你在取下眼镜之前没有方向感。之后他们会要求你识别出正确的着陆地点，然后把他们带到最近的备用机场。哭是没用的……你一定要提前准备一个计划！

备用计划

当你在头脑里设定好备用计划时（万一出了什么问题），你坐在谈判桌前就会拥有强大的力量和自信，这非常重要。在谈判中，我一直要求新手们把它想成后兜里的一封信（a letter in your back pocke，简称LIYBP，也就是备用计划）。我以前是一名普通员工的时候，如果收到另一位老板的邀请函，我就会把它放在裤兜里，为提高自己的薪资水平而进行谈判。我很少提及它，因为我的自信说明了一切。"后兜里的信"这个想法对于你从谈判新手成长为顶级谈判者来说至关重要。这是因为它给了你自信，让你做事更加勇敢。如果你之前已经想好了备用计划，那么你将对是否接受谈判达成的协议做出更明智的决定。

简单来说，如果你的谈判协议比你的备用计划更好，那么你就应该接受这份谈判协议；如果目前的谈判协议没有你的备用计划好，那么你就应该继续谈判，直到达成更好的协议。如果你做不到这一点的话，那么你就应该终止谈判。你会惊讶地发现，人们在谈判桌上达成的交易经常与他们最初的意图相差甚远。他们一时激动，遗忘了目标：除了正确的交易以外，任何交易都能成为他们的目标。

你认为这不会发生吗？你认为你不会忽视最初的目标吗？我必须要挑战这样的想法。

我们为公司的谈判培训班设置了一项练习，该培训班的成员是高素质、经验丰富且受过良好教育的21世纪高管。这项练习说明了人们快速忽视一份看起来明智的协议是多么容易。

练习是这样的：我从钱包里拿出一张真的50美元钞票。我告诉所有人它将以50美分的增量被拍卖，获胜者将会得到它。房间里的所有人都可以按顺序依次竞标（我告诉他们我会按照顺时针方向绕着班级走）。所有人都可以随时放弃，但放弃后不能再参加拍卖。我们开始竞标。

在前两次竞标过后，我突然想起我遗漏了一条拍卖规则……最后，出第二高价格的人也不得不付清全部的钱。几个明智的人立即退出了竞标，但是贪婪和恐惧让剩下的人对正在发生的变化视而不见。特别是现在房间里没有人想输，并且随着参与者数量的减少，"不做第二"成为大家最主要的目标。这种愿望是如此强烈，以至于在拍卖过程中我们经常发现，竞标价格不仅达到了50美元，而且超过了50美元的面值。有三四个人以53美元、53.5美元、54美元、54.5美元竞标一张50美元的钞票也并不罕见。我为这次拍卖做了一个明智的总结。我要指出的是，所有人都很容易陷入这种困境，并最终达成一份对我们这一方毫无意义的协议。

所以提前准备好备用计划会让你全神贯注，阻止你答应一些愚蠢的条件。

如果你不能为你的团队（或你自己）谈判出一个更好的协议，那么你就必须考虑总结谈判的内容并使用备用计划。在真实的世界里，虽然你也要考虑这么做的代价，但正如俗话所说："当你站在鳄鱼的背上时，你很难想起自己的目标是排干沼泽的水！"本质上，你的备用计划可以阻止你过早地同意对你不利的条款，也可以阻止你拒绝实际上对你有利的条款。

拥有一个好的备用计划可以增强你的谈判能力。因为如果你能改善备用计划的内容，那么你就能增强你的实际谈判能力，同时增强对谈判能力的感知。我们人类一直都处在交流中，这不是我们能控制得特别好的事情。55%以上的人类交流是通过我们无意识的肢体语言进行的，还有38%是通过语气被他人获得的。因此，优秀的谈判者可以"感觉"到对手急于达成协议的时刻，也可以"感觉"到对方并没备用计划。当这样的事情发生时，他们就会索要更多，而你必须做出让步。另外，如果你真的在谈判之外有很多选择，那么你很有可能从对手那里得到更大的让步，这可以保持你在谈判桌上的地位。

那么，当真实的情况是对方拥有更多权力时会发生什么？当"备用计划"没有预想中的好时会发生什么？就像许多小企业主试着去向大公司销售产品一样，当你是一个不知名的实体时会发生什么？这时对方可能会无奈地说："我不知道你是谁，不知道你想给我们提供什么，也不知道你怎样和我们的常用供应商比拼，但是……既然你来了，那我们就开始谈判吧！"

事实上，即使一个高效的谈判者或谈判团队没有什么谈判之外的好选择，他们也经常会认为自己有，这就是区别所在（见第一章！）。比如，双方可能都认为自己能达成想要的交易（大公司的谈判代表认为他们可以从较小公司那里得到价格折扣或其他……较小公司的谈判代表则认为他们可以用独一无二的产品说服大公司）。然而，因为大多数购买决策都是在深度无意识的层面上做出的，所以在决定是否接受协议时，人们的看法是最大的问题。如果顶级又有"渴望"的谈判者认为自己有好的备用计划，那么即使他们实际上处于劣势，即使那个选择并没有他们想象中的好，他们也经常会坚持自己的选择。

即使你的备用计划的内容（就像我以前的一样）是：如果我拿不下这个交易，我就去度暑假并写一本书；我有另外10个潜在客户，涵盖销售过程的各个阶段……其中有一个可能会失败……如果这项谈判失败了，世界末日也不会到来；一周内，我至少可以开始谈其他的5桩生意……然后，我就会非常害怕这家公司一直追着我跑。然而，当我确信自己能得到特定任务但没有备用计划的时候，我经常对自己的失败感到"惊讶"："我们觉得另一家公司更了解我们的问题和文化。"

温斯顿·丘吉尔（Winston Churchill）爵士在生命走到尽头时说，他觉得自己就像一架飞机，在旅途的终点几乎耗尽燃料，需要寻找一处安全的着陆地点。在20世纪中期这是可以接受的，但是作为一个21世纪的成功谈判者，你在不知道安全着陆地点的情况下甚至不应该准备起飞。

一个伟大而广为人知的关于备用计划的成功故事发生在几年前的伦敦，伦敦眼的土地所有者要求上涨土地租金，所以英国的土地租金随之受到影响。"伦敦眼"旅游景点的所有者每年要支付65 000英镑的租金。2005年，土地所有者，由颇有势力的伦敦商人霍利克勋爵（Lord Hollick）代表，通知伦敦眼的业主停止运营，除非他们能把租金涨到每年250万英镑……这是高达3 880%的涨幅！

这是谈判开始的极端立场吗？当然是！一边是强大且成功的土地所有者，另一边是资金短缺且负债累累的旅游景点业主。伦敦眼的业主会如何制订备用计划呢？他们向伦敦市长肯·利文斯通（Ken Livingston）求助，市长给了他们一个绝妙的建议：让伦敦公司针对这块土地发布一个威胁性的强制购买令！

由此产生的谈判于2006年2月结束了，各方都很满意。众所周知，强制购买令的威胁在于土地所有者，所以景点业主通过谈判与他们达成协议，只需支付他们原先要求的租金的1/5：50万英镑……涨了吗？涨了，但远没有他们原先希望的那么多。但另一方面，这一协议保证了"可预见的未来"……（所有的商人都知道天底下没有所谓的"不良"利润）。同样，在谈判的过程中，原先的伦敦眼业主同意将股份卖给蜡像馆的先驱"杜莎夫人蜡像馆"，从而摆脱所有债务。

所以，在我们用来衡量谈判成功与否的大部分方式中，它是成功的。如果他们根本不妥协，那么每一方都可以带着更多的东西离开，可能比他们原先拥有的要多。但是如果没有有效的备用计划会发生什么呢？如果土地所有者的代表霍利克勋爵已经看过这本书了，那么他会建立一个更有力的备用计划吗？我们永远都无法得知。

那么，作为一个"谈判新手"，你怎样为下一场谈判准备备用计划呢？从回答下面这些简单的问题着手吧。

- 你为什么想谈判？
- 对方为什么要和你谈判？
- 你如何帮助或伤害他们？
- 他们如何帮助你或伤害你？
- 如果谈判无效，你要怎么做？
- 如果谈判无效，你认为他们会怎么做？

我在意……我真的在意……(但没那么在意)

赫布·科恩(Herb Cohen),美国谈判家和教练

美国顶级谈判家赫布·科恩说过,谈判是"人生的游戏",谈判者应该把每场谈判当作一场竞争游戏。因为根据赫布·科恩的说法,当谈到结果的时候,游戏的内容就是:"你在意!……你真的在意!……(但没那么在意!)"

你越能把谈判当成游戏来协商,结果对你就越有利。不幸的是,你投入的个人情感越多(比如当你代表自己谈判的时候),你就越容易失败;对方越容易感受到你的焦虑,结果就越可能对你不利。

如果情况相反的话会好一些。如果我们代表自己谈判能比代表其他人谈判更成功,那么结果就会更好。哎,可惜事实并非如此。

就像赫布一样(最好是代表大型跨国公司和富有的企业家),在现实情况下,如果你代表其他公司去谈判,结果交易成功并获得巨大价值,而你从中得到了一小部分奖励,那么你就想为他们做得更好,因为你并不真正了解雇用你的人。换句话说,当涉及对他们的人性依恋时,你"在意……(但没那么

在意！）"。

但是，作为读者的你是一位"谈判新手"（这也是你读这本书的原因）。反过来说，也许有一天你会有能力在谈判中为其他人争取利益，那么毫无疑问，你很快就会亲自参与谈判的结果。这说明备用计划这一概念会给予你巨大的信心，让你有能力"玩游戏"。

当我开始有意识地将这个概念运用到我自己的个人谈判（财产、工作、汽车）中时，大概是在1979年，我发现自己能够并且愿意承担更多的风险……为了坚持自己的梦想。充满自信的谈判对我越来越有利，并且带来了令人惊奇的结果。

但是要注意

请注意……我并不完美。不要照我做的做……要照我说的做！

当我最近想买一辆昂贵的汽车时，我竟忽略了自己的方法！我参加了谈判，却没有准备备用计划。我真是相当"聪明"了！结果，我在谈判的过程中变得非常情绪化。我太严肃了，这再也不是一场游戏。我在意，我真的在意……我真的太在意了。

它变成了生或死的问题！

> 我喜欢这辆车的颜色,以及它的车型、性能、车轮……一切都很完美!
>
> 我变得无能!
>
> 结果我付了太多钱……我知道我付的太多了。我本来可以多做些准备,谈成一笔好交易的。我本来可以让我的弟弟去谈判,因为他不像我这么在意那辆车,他会把谈判当作一场游戏。
>
> 不要误会我,我真的喜欢那辆车,但是懒惰和傲慢阻碍了我。
>
> 我们每次都需要准备备用计划,这样我们才能做到"在意……真的在意……(但没那么在意!)"。

如果我"买车"(见上文)的时候能再多一点耐心,我可能就会像下面这样准备备用计划。

我为什么想谈判

因为我想用我能得到的最好的条件来购买这款特别的汽车。这款车的二手车都很贵,花费时间谈判可以让我节省 5 000~8 000 英镑。

对方为什么要和我谈判

因为在每年的这个假期中汽车销售都很缓慢。由于目前英国有大量待售汽车，所以这是一个买方市场。相对而言，因为真的没有多少人可以买得起这么昂贵的汽车。因为如果这个特定的经销商不想谈判，那么我可以去找很多其他经销商谈判。

我如何帮助或伤害他们

无须"以旧换新"，我可以快速地买下这款车，这样可以帮助他们。我可以帮助销售人员达到这个月的销售目标（销售经理一定会给他制定一个让他压力巨大的销售目标）。我可以拿着我的钱（他的佣金）去另一家店，这样就伤害了销售人员。我可以把他们不妥协的态度告诉其他的潜在客户。

他们如何帮助我或伤害我

他们同意给我一个好价钱，这是帮助我；他们可以给我提供一次良好的信用额度优惠，这是帮助我；他们可以延长车辆的保修期，这也是帮助我。他们拒绝我的交易，使我不得不在伦敦四处寻找其他的经销商，这是伤害我。

如果谈判无效，我会做什么

我会去找其他的经销商，或者我将私下购买，并在购买之前找一个汽车组织来检查一下汽车。或者我不买这辆车了,把钱省下来。我在伦敦不需要汽车,所以我可以把钱另做投资。

如果谈判无效,他们会怎么做

他们坐在又大又贵的展示厅里,"希望"另一个钱包鼓鼓的潜在顾客能进来。突然给以往的顾客打电话进行推销,试着引起他们的兴趣。之后给我打个电话,试着用更好的报价来吸引我。

这并不难……但是对你之前考虑好的备用计划充满信心会带给你丰厚的回报。

你需要把这些事情写下来……写下来能让想法变得具体化。

你应该确保你的备用行动列表(如果这次谈判无效)具有实用性,而不是纸上谈兵。

你会发现,在进入谈判之前考虑对方的备用计划也有好处,之后你就可以在谈判的过程中设法削弱对方的备用计划。

第三章

讨价还价……
物物交换……
销售……"谈判"

你要知道什么时候掌握它们……知道什么时候放弃它们……知道什么时候走开……知道什么时候跑开。你永远不要坐在桌子旁数钱……交易完成后你有充足的时间来数钱!

——肯尼·罗杰斯(Kenny Rogers),美国乡村音乐歌手,《赌徒》(The Gambler)

马上停止！

不要谈判！

从谈判桌前离开！

在我们继续阅读这本书之前，我有一个要求：

在你第一次尝试把方案"卖"给对方之前，请不要在谈判上浪费时间。用"适当"的方式销售是一种技巧，这要比谈判更容易、更快捷。

简而言之，"谈判"是"销售"的难兄难弟。

如果你把自己视为一个伟大的"谈判家"，那你无须感到抱歉。因为真实的情况是，如果对方毫无争议地接受了你提出的基本条款，那你根本就不用去谈判。如果他们接受并同意你的标准条款，而你也同意他们的条款，那么这就是一次成功的"销售"。

简单地"销售"或"购买"一种产品、服务或想法所花的时间要少得多。而且，时间如金，销售能比谈判节省更多的成本，所以，你的第一个目标应该是直接的销售或购买。

另外，如果对方很明确地想和你合作（或者你想让他们和你合作），但是其中一方需要在某种程度上显著地改变条款，那么这时你就处于谈判的边缘。

那么销售、讨价还价和谈判的技巧有什么区别呢？现在让我来解释一下。

销　售

本书并不是关于销售本身的，所以你需要读一些关于销售和商业说服的书（当然如果你想专门看我写的书，那么你就看看同系列的其他几本书吧！），那些书详细说明了如何把你的物品、产品、服务和想法销售给其他人。然而，下文这个简洁的解释能帮助你理解销售的过程，还可以在可能的情况下帮助你避免一开始就不得不谈判的情况。

当你要销售一个产品、服务或想法的时候，你必须在遇到潜在客户很久之前就问自己一个简单的问题："我的产品、服务或想法能解决什么问题？"这个基本的自问很关键，因为对于你的潜在客户或商业伙伴来说，你也许没有别的价值，但至少有能力为他们解决一个问题……或者不止一个。这是非常重要的一点，我将再次重申：你对潜在客户或商业伙伴的价值，除了你能为他们至少解决一个问题之外，别无其他。

许多好心的卖家（个人或组织）不知道这种商业的基本概念，

但事实的确如此。他们有一个想法，他们认为这个想法对商业会是一个巨大的冲击。他们没有费心去研究或调查市场，而是花了大量资金开发产品或服务。然后他们在信纸、名片、电脑、复印机、网站和办公空间上花费了更多精力。之后他们遇到问题了：客户！客户在哪儿？为什么电话没响？网上查询去哪儿了？

原因是所有人这辈子都是在为自己生存；他们并不是为了反对你……他们只是为了他们自己。通常，我们生活中只有一种无条件的关系：我们和孩子之间的关系（或者你的父母与你之间的关系）。其他任何事情、任何交易和人际关系都有下面这样的陈述和附加的警告：

"我爱你。"

＊适用条款及条件

作为一个企业老板，我非常希望大家都喜欢我，我也希望他们喜欢我的培训课，但这并不是人们雇用我的最终原因。确实，人们在做第一次购买决定或敞开心扉时，也许会被说服，因为这是他们在深刻的潜意识和情感层面做出的决定。我们都喜欢和自己有关系且容易亲近的人，所以追求"讨人喜欢"的目标总是值得的（本书的后面对此有更多的描述）。但是，潜在客户和商业伙伴在最终购买产品、服务或想法之前总要依据事实来做出理智的决定。

> 人无笑脸休开店。
>
> ——中国谚语

但是,没有哪个潜在客户会坐在办公室里对自己说:"我认为我们的员工应该接受一些商业技能培训……只是……只是……嗯……'对了!'我要在网上查一查谁在这方面有丰富的培训经历。(1)经历最丰富;(2)看起来像个好人;(3)在我看来有增加利润的最大需求……我要选择这样的人。"

当坐在办公室里自己组织内部培训计划时,潜在客户也不会突然停下来说:"等等……我们可以自己做这件事,但是为什么不邀请鲍勃·埃瑟林顿加入我们呢?他是一个有条理的人……我确定他能胜任这项工作……我们给他打个电话吧。"

在我过去几年经营一家公司的经历中,有一个非常令人震惊的统计数据:在雇用我们之前,从来没有人在任何场合提到过我或我的公司。我为潜在客户提供了一份当前客户名单,但他们从未被联系过。我们自己的网站上有一个"关于我们"的标题,但寻求我们这类业务的网民很少会打开那个页面。

我们或任何企业存在的真正原因,或者人们(你和我)购买产品、物品和服务的原因,都是解决问题。如果客户相信你或我能够解决，或者可能能够解决某一个具体问题，因为我们的网站上是这么写的，那么他们就会联系我们。

因此，作为一名销售人员，为了将谈判概率降到最低，你必须首先考虑：我的想法、物品、资产、产品或服务（我打算销售的这些东西）能解决什么问题？

一旦你把这些写在纸上（我特别相信"把事情写下来"，它能让模糊的想法完全变得具体化），你就可以准备销售策略了。一般而言，你的销售策略应该集中在那些确定的问题区域。让人们（潜在客户）"专注"于你的提案解决问题的能力的方法就是：不要"告诉"他们太多，也不要谈论太多。相反，你应该问他们一些问题，即你的提案可以解决的潜在问题。

你问越多关于你的提案的优点和用处的问题，潜在被说服者就会越关注你的提案。

大多数销售人员都让自己最终陷入了不得不去谈判的境地，这是一个可怕又难以否认的事实，因为他们在早期的销售尝试过程中说得太多。但是所有的顶级商业游说家一定都知道一件事情："说话并不是销售。"

向你的潜在目标客户抛出你的提案中的一大堆"事实"，是建立一堵拒绝之墙的好办法。如果这就是你想要的，那么请继续这样做吧，因为你是真的想谈判。

但是，事实不能帮你销售。

说话不能帮你销售。

"你的一大堆东西"不能帮你销售。

另外，如果关于你的提案的对话式提问可以让你识别出客户想要解决的问题，那么这可以帮你销售。一旦你在谈判桌上确定了客户正在寻找的东西，你就找到了要谈论的全部内容，没有别的事情。

研究表明，在基本且简单的"销售"中，80%的拒绝是因为销售员说得太多。通常，销售已经存在于客户的头脑中了，然后销售员添加了一些不必要的事实（由于错误的担心，销售员认为很多附加的东西会使销售变得"更容易"，并增加销售的可能性），结果导致顾客产生了疑问。最终他们当然不可避免地走上了谈判的道路。

你以为人们太明智了，不会在现实世界中以这种方式破坏销售吗？根本不是！几年前我在纽约做销售培训师时，曾陪同一位销售主管（主要负责销售复杂的在线金融信息产品）接触重要客户。在与客户讨论的过程中，这位不幸的高管带领我们从"花园小径"直接进入了谈判，而这本来应该只是一次极为简单的销售。

客户在讨论中已经了解了他想要的产品，而我们所要做的就是打电话，签订合同，然后离开。还有什么事情比这更简单吗？所以我们约在客户的办公室见面，在他签了合同后，我们准备离开。可是销售主管之后说的话迫使我们进行谈判！他说（只有他知道原因)："既然我们都在这里，而且我带来了笔记本电脑，那我为什么不把您在线访问我们产品时能做的事情都给您介绍一下呢?！"然后他立即打开了笔记本电脑，开始即兴演示。

啊！

客户礼貌地站在那儿，看起来没多大兴趣——毕竟他了解自己想要的这款产品，也了解他刚刚愿意花一大笔钱签合同的原因。他知道这一点，直到一个关键的时刻到来！

销售主管决定展示产品的一部分——允许用户在屏幕上以图表或图形的形式显示大量数字信息。这立即唤醒了客户！他说："我讨厌所有的图形和技术分析！现在我要好好想想，我没意识到这是产品的一部分。我真的不需要那些东西……我不喜欢那些……乱七八糟的。我只想要这些数字。我想让你把那些东西从产品中去掉，或者禁止我们访问它们，然后（噢，不……最可怕的要出现了）给我打个折吧！"

真是灾难啊！

你没有办法"定制"这个特定的在线产品来满足这位客户的需求；这是一整套产品，要么全有，要么全无。如果销售人员什么都没说，那么客户可能已经很愉悦地买完这个产品了，也就永远不会接触到这个讨厌的图形软件包。它就在那里，在产品中……只是客户永远也看不见。

因此，在我们"考虑"如何准确地提供客户想要的产品时，他要求我们把签好的合同退还给他。结果，我们又花了几个星期的时间去"谈判"，才达成了一个双方都能接受的解决方案。我们最终的收益是一样的，而且我们也没有改变产品。但是最终的"交易"涉及更多的妥协和免费的附加服务，而这些通常都是收费的服务，如果我们一开始就有不去炫耀未被要求的功能的常识就好了。

如果你更喜欢简单的"销售"而不是冗长的谈判，那么请记住：能提问就不要陈述！简而言之，提问是你最主要的说服工具，也是避免谈判的好方法。

如果你是买方……这对你有什么好处呢

如果你在一次"可能很简单"的销售或有说服力的交易中是一个潜在买家，并且你也想避免谈判，那么你就要确保你会不厌其烦地把你想要购买产品、提案或服务的原因都准确地写在纸上。把它对你有多少价值写下来；如果你想达成交易，你就把你想解决的问题都写下来。你也应该尽可能多地提问（提问最多的人能控制这次销售）。在大多数情况下，作为买方，你处于比较有利的地位，不要放弃你的权力。许多专业的销售人员都接受过一些强有力的销售技巧的培训。

几年前，我决定把房子里很大的屋顶空间改造成一间卧室。

经过生活的磨炼，我对此略知一二，我坐下来拿起一张纸写下了我需要的一切东西：一份固定价格的合同；5年的保修期；不是一个挤在角落里的紧凑的螺旋楼梯，而是一个全尺寸的开放式直梯，与房子下部的楼梯相匹配；足够高的天花板；内置的衣柜；不改变房子的屋顶外形；有冷热水和可以洗涤物品的水槽；完全绝缘；确保采光的4扇大窗户。我对许多竞争公司做了调查，我知道自己想要支付多少费用，也知道我希望从中获得的利益。

阁楼改造公司的推销员带着他的演示文件夹来了，（和往常一样）准备把所有必备的额外物品销售一光。可是我不想要也不需要：电动百叶窗、淋浴间、额外的窗户、全套家具服务……他尽了最大的努力来销售产品，但那些产品都不在我的清单上，因为我不想谈判，我只想要一次简单的销售。

让他完成经典的30分钟"销售说辞"，实际上是为了让我可以在接下来的10分钟时间内进行讨价还价。"嗯……（停了好一会儿）……那么如果我不要百叶窗、淋浴间和额外的窗户，并且自己做家具，多少钱呢？"

（我很幸运）由于他不精通谈判技巧（事实上，他是一个真正普通的或园艺型的谈判新手），所以他同意给我一个很大的折扣，因为他认为"价格"是我考虑的重大问题。许多销售人员都这么做……可怜的傻瓜们啊！一个小时内，他就同意了给我一个大折扣，但他还是做成了一笔交易。我很开心，因为这就是我想要的

（尤其是固定价格的合同），所以在那一刻他就是我想要的。

但是几个月之后，这一项目出现了不可避免的挫折和意外成本，所以对于承包商而言，固定价格看起来非常不稳定。为了保住他原先预期的利润，他试图说服我少要几个窗户，将楼梯换成非常狭窄的那种（他甚至让人做了一个这样的楼梯……我猜想他希望我没注意到；后来他又不得不做了一个符合要求宽度的楼梯），而且他没做水槽……"真不是一个实在的人"。

然而，如果承包商的销售人员接受过有效销售的培训，那么承包商从一开始就不会处于这种不利的情况。此外，如果承包商也教过销售人员"谈判"的方法，那么他们最终会（或可能会）达成一项非常合理、明智且有效的交易，结果也不会由我控制。

不论你是买方还是卖方，只要你学会如何控制它，销售过程就是目前为止完成商业交易最快速的方式。但是，如果你不能完成这样简单的销售，那么你真的需要知道如何谈判，这样在交易的最后你才可以给双方（你和对方）一个想要的结果。我经常会被顺便问道："如果商界的每一个人都看你的书，参加你的培训课程，并按照你描述的过程开始谈判，会怎么样？那样我们就都知道其他人要做什么、为什么那么做以及要提出什么样的提案，难道不会出现持续的僵局吗？"

也许理论上你是正确的。但是在这个领域工作了35年的我可以告诉你，世界上每个国家的大多数商人都看过所有的书（我和其他人的书）、看过培训视频、参加过培训课程，然后……一如既往——一点儿没变。不要问我为什么，他们就是这样做的。但是，如果你按照我和许多其他有实践经历且成功的商业沟通人士与销售人员告诉你的去做，那么我保证你会得到你想要的交易结果。

讨价还价

许多人认为"讨价还价"和"谈判"是可以互换的词语，其实并不是这样的。讨价还价是此书前言部分摘选的布赖恩和哈里在《布赖恩的一生》中所阐释的内容。讨价还价是你在当地报纸的"分类广告"中看到一辆6年的二手车消息后，从一个陌生人手中购买它时要做的事情。

你：请告诉我这辆车要多少钱？

销售员：3 500英镑（7 000美元）。

你：这车已经有些年头了，这个价钱似乎太高了。

销售员：这台车只使用了6年，状态还很好。

你：我觉得1 500英镑比较合理。你能接受这个价钱吗？

销售员：1 500英镑！？……仪表显示这台车只行驶了20 000英里。我最多能降到3 250英镑。

你：但是你看这儿，车门底部有一些生锈的痕迹，我不得不修补一下……这要花费我一些时间，而且天知道我还会发现什么……但这大概是我想要的车型……这样吧，我给你1 800英镑……现金！

销售员：不，很抱歉。这车至少卖2 950英镑，否则我不卖……这台车非常可靠，使用年数少，行驶里程也非常少。

你：2 950英镑？一台已经用了6年的、生了锈的车，你要2 950英镑？我最多能给你……（等等）

讨价还价主要是关于价格而无关其他方面。在伦敦、格拉斯哥、都柏林、奥斯陆、休斯敦、纽约、多伦多、香港、新加坡、德黑兰、悉尼、巴库、巴黎以及任何你能想到的城市中，都有销售人员一遍又一遍地告诉我，他们的产品太贵了，所以他们必须……必须……做好打折的准备。

如果你只想学习怎么讨价还价，方法如下

如果你是一名谈判新手，并仍然坚持讨价还价与谈判一样，又不想为了获得更有价值的交易而花时间提前精心准备，那么我可以单从讨价还价方面给你一些建议。

尽管如此，当你永远不可能（或几乎不可能）再次与某人或某公司做生意时，讨价还价仍然是一个好方法，它可以帮你节省

数百英镑——经常是数千英镑、美元、欧元或世界上的任何货币。如果你是一个全球市场上的"买家",在这个市场上,许多缺乏培训的卖家最终会认为他们的产品只是几种类似的"商品化"产品或服务之一,那么你通常可以通过讨价还价轻松地说服他们降低价格,或者去其他的地方购买。

但是就像我们已经讨论过的那样,大部分北半球的人绝对不喜欢讨价还价。许多认为自己"精致"的人觉得讨价还价会降低他们的身价。然而他们确信,在某个地方,某个人能以更好的价钱得到同样的东西。

人们把讨价还价等同于争吵。男性尤其不能像女性那样快速地将思想转化为言语,这就是他们在与女人争吵时经常处于明显劣势的原因。这也是为什么人们错误地认为"能说会道"是成功达成一笔商业交易的关键。但是,你要讨价还价到最低的价格就只需要:

- 决心;
- 字里行间满是神秘。

方法1:"嗯……我在权衡考虑……"

我最近在英国的一家全国轮胎配件连锁商店里购买了新的汽车轮胎。因为我本质上是一个喜欢赛车的人,我有一辆需要装配高档轮胎的车。我以为4个轮胎至少要花1 000英镑（2 000美元）。轮胎装配店就在我住所的马路对面，前3个轮胎每个250英镑，第4个免费——或者每个187英镑（再加上50英镑的装配费）。

这个价格不算贵。但我距离另一个类似的批发商店只有两英里，我想开车去那里比较一下，看看他们是否能便宜些。这个特许经营店的老板说每个轮胎需支付150英镑——比上一家少37英镑。我问这个价钱是否包括装配费。他说装配费是40英镑——比上一家的50英镑少10英镑。

我闭着嘴没说什么［沉默了好一会儿……（永远不要低估沉默的力量）］，我的沉默对他来说像是一种永恒。最后，老板说他还会提供免费的全国轮胎保险，如果轮胎被扎破就可以更换轮胎，这样可以节省60英镑，而我一共能节省210英镑。

沉默是一种巨大的力量，因为大多数人都讨厌沉默，他们愿意做任何事去打破仅仅几秒钟的沉默。勇敢一点，如果你有足够的勇气，你可以坚持30秒或更久一点。大部分人会在15秒内打破沉默。你的沉默告诉对方你在"观望"，一点小小的优惠就能让你回心转意。这里的黄金法则同样是不成文的规则，即当冷淡的沉默笼罩"幸福的家庭"时，控制内部争论的黄金法则就是：谁先开口谁就输了！

方法2："请帮我在你店里花钱"

我最近去了伦敦的托特纳姆法院路（Tottenham Court Road），每个伦敦人都知道这是首都的主要"电子产品"街道。我只是一位客户，在寻找一笔关于37英寸日本平板电视的好交易。

为了提高获得好交易的概率，我在9月末的一个天上下着毛毛雨的星期一上午10点，在一家大商店门口停了下来。我知道那时候大量的潜在客户刚度完暑假重返工作岗位，业务将不可避免地放缓。销售人员向我展示了3款电视，价格分别为1 600英镑、1 400英镑和999英镑。我告诉他我只能花700英镑。

销售人员告诉我，我只能以900英镑买到那台售价最低的电视。我告诉他我可以把价格升到725英镑。销售人员哈哈大笑着说："那不可能。"现在，这些开在托特纳姆法院路的商店通常是家族企业，而不是国营连锁店，而且总有很多销售人员靠在柜台上聊天。所以，我总认为他们的每笔销售肯定有很大的利润空间，以支付他们所有的工资成本。在这个过程中，一个店主似的人站到了我们身边；我猜他就是老板："请问有什么能为您效劳的？"我说："有，请帮我在你这儿花钱吧。如果我不花掉这些钱，我的妻子就会在那家名为'治愈'（Heals）的店里（这是同一条路上一家非常大的高档家具店）花钱，她要买家具。"

这位店主似的人说如果我付现金，那就850英镑。我说我必须给我妻子打个电话。这就意味着我们俩要做这笔交易了。我走出商店，很明显地打了一个电话。半分钟后，我回到了商店。"好消息，我的妻子说我可以花760英镑。可以吗？"最后老板让步了。

绝大多数昂贵物品的价格都是可以"讨价还价"的。也许不是在连锁商店、哈罗兹（Harrods）或者萨克斯第五大道精品百货店（Saks Fifth Avenue），而是在其他的很多地方。你必须找到能做成这笔交易且对底线有情感依恋的人（最好是老板），然后你就鼓起勇气提出要求。

方法3："你的竞争对手会给出更低的价格"

我在销售自己的服务时也经常会遇到经典的"销售异议"，为了避免不得不"打折"的情况，我非常善于倾听和重新销售价值观。好消息是（正如本书之前所说过的），许多销售人员都认为他们的产品太昂贵，而且成本是主要的决定因素。所以在寻找一项低成本的交易时，你通常可以通过引入一些竞争因素来讨价还价。当我想在日内瓦的一家酒店预订几间客房参加培训课程时，我访问了booking.com，想看看最近的游客把哪几家酒店评为最佳全方位服务酒店。我让3个评级最高的酒店给我一份关于20个住5晚以上的房间的报价和一个会议室套房的报价。

我打电话给两家报价最低的酒店——最贵的那家酒店（拥有日内瓦湖景）可能没有足够的折扣竞争力——并告诉它们我要在

两家中选择一个。之后我问它们是否能便宜一些。

第二天，两家酒店都给我打了电话。我自然预订了最便宜的那一家，这一个星期我省了2 800多英镑，而且仍然可以看到日内瓦湖的美景。我总是对公司员工说："是的，你要赢利。但如果你的竞争对手能以更低的成本做到这一点，你的公司或许也能做到。"

方法4："我觉得我好像被骗了"

最近的一个星期五早上，我去了一家在伦敦当地很有名的五金连锁店。我正在为办公室购买一些电灯泡和家用电器。当我结账时，我看到一条特别的优惠信息，即买一个非常方便的电动汽车抛光机有50%的折扣："正常价是30英镑……特价是15英镑！"我想："还不错，买一个。"然后我拿了一个放进购物篮里。当我回到办公室后查看收据时，我才发现原来我被收取了30英镑。

收据上有商家的电话号码，所以我给那家商店打了个电话。经理说她对此无能为力，因为商店里的广告上都写了（好吧，字特别小），这个产品只在那个周末之后的星期一银行假日才特价出售。我说过"顾客留心"（顾客小心上当），然而我感觉自己被欺骗了。从我作为一名顾客的角度来看，这家商店正在引诱消费者，用"大字"承诺有折扣，但这个折扣在另外3天却不能用。经理考虑了我的观点，向我赔偿了一张20英镑的优惠券。我接受了。

在这种情况下，原则是不要生气。否则，你会让自己陷入顶级讨价还价者和谈判者所说的"防御和攻击"旋涡。首先谈谈你作为一名消费者的"感受"。如果你是一位无辜且不开心的受害者，而不是一个生气的购物者，那么你更有可能得到你想要的东西。

方法5："你的生意违背了承诺"

有一件事正好相反，我最后不得不赔偿一个讨价还价的客户。我们公司偶尔会在英国媒体上刊登公开研讨会的广告。该广告告诉潜在的参与者："现在就拨打我们的电话0207 486 4008，并立即预订座位。"但是在这个特殊的日子里，整个电话系出现了人为的问题，热心的客户给我们打电话并留下语音，却没人回电话。

一位女顾客终于在深夜找到了我的电话号码。她既沮丧又非常生气。她说："你们的广告完全是在误导人！我今天已经给你们公司打了3次电话，每一次都有人承诺会在30分钟以内给我打回来，但结果根本没有人给我回电话。我很意外，一家教授销售和客户维系的公司在回电话方面竟然这么松懈。你是怎么做生意的？！"

她说得对。除了不断地道歉之外，让她满意的最简单的方法就是给她提供她想要的5张票并完全免费。她接受了……她得到了现金优势：省了将近500英镑。

但是几个月之后，在我们又一次宣传同样的活动时，她买了15 张票。这一点证明了老客户服务法则：一个对你的公司提出过问题并且你已经想办法让其满意的客户，要比一个从未提出过问题的客户更忠诚。

因此，无论何时，如果一家公司或商店违背其承诺，那么你完全有权利期待获得回报。你只要确保当你被问到的时候，你知道自己想要什么。

谈 判

另外，谈判是为你自己和对方创造价值。在谈判中，有时候你最后支付的价格与原来一样，但是你从交易中获得了更多的价值。有时你在谈判中得到的钱更少，但是得到的整体价值却更多。

有一个非常简单的例子可以很容易地说明这种商业谈判的结果：我们最近从英国一家杂志出版公司的老板那里得到了一个业务，他迫切希望我们能为他的销售人员进行一些电话销售培训。我们讨论了他的要求和他需要通过培训来解决的问题。

我向他提出了很多具有针对性的问题，结果他告诉了我他当前面临的问题，以及这些问题得不到解决可能引起的连锁反应。我甚至设法让他告诉我他每个月亏损多少，以及如果他的广告销售没有很快得到改善会发生什么。事实上，我做了一个训练有素的销售人员应该做的一切。在两三次会议结束后,他显然迫切地想要解决这个问题,并希望我说出最佳的解决方案。

当我针对他的具体问题提出解决方案时,他真的很想继续谈下去。但是在我说出价格后,他坐回椅子上叹了口气,说:"这太贵了!我原以为会在这个范围内……不过我已经向你咨询了,你也给出了建议。然而,我们现在的财务状况不是很好。但如果你坚持的话,我会支付这笔费用,因为我们现在真的非常着急。另外,我建议我们以另一种方式继续合作。你知道,我们为许多国际航空公司印刷和出版机上杂志。作为贵公司为我们提供此项培训课程的交换条件,我们准备在接下来的几本杂志中免费为贵公司提供 3 个月的广告单页(右边的彩色单页——最有价值的位置)。"然后,他列出了你能在许多世界领先航空公司的座位口袋中找到的杂志。

不用想就知道,成千上万的专属观众、国际商务人士都会看到这样的广告。我还非常迅速地计算了我通常需要付多少钱才能接触到这么多的潜在客户:数万英镑。对于我来说,他提供的价值远远超过我们为他的公司提供单一培训计划所能获得的价值。

然而,对于他和他的出版公司而言,这是一个很简单的赠品。从他的角度来看,他给我提供了一个空白页,其内在价值很小。它大约只是一张 A4 纸,可以在没人注意的情况下被添加到杂志中或从杂志中删除。但就他的公司而言,他用这个页面交换的价值很大……一个高质量的电话培训计划，几乎没有直接成本。我们非常迅速地达成了交易，然后笑着离开了。很少有钱会易手（事实上只有交通和住宿费用），但是双方获得的价值是巨大的。

这是一次非常简单的谈判，但是却产生了谈到现代商业交易时我能想到的最重要的结果：没有人觉得他们的处理方式不如谁，每个人都觉得对方已经理解了自己的立场，每个人都愿意再次与对方做生意。

从那以后，我与其他企业在我们可以或多或少以物易物的领域达成了其他类似的简单交易。结果，这些谈判都以更高的价值结束，这些价值比我们仅仅专注于现金的价值要高，包括网站托管、文具用品供应甚至豪华轿车租赁。不管你怎么想，它都很少只涉及"钱"。

第四章

解构"不行"

我已经说"不行"了,你哪里听不懂?

——一位母亲在一家伦敦商店外问孩子

我们已经分析了纯粹的销售、讨价还价和谈判的区别，现在应该想想我们如何为真正有价值的谈判制订计划和做准备了。

在你开始考虑谈判（甚至购买这本书）是否值得你花费时间和精力之前，有几点我们需要达成一致。

- 其他人做事都有他们自己的原因，不是因为你。你很难说服别人做任何事情，只能让他们自己说服自己。
- 除非其他人认为你可以给他们带来利益或造成麻烦，否则没人愿意与你谈判。

一开始就要进行"谈判"的情况往往是，双方已经（或将要）表示出明确的不妥协态度和不可调和的立场。

- "我就想要得到我想要的，就是这样……'不行'，我不会让步的！"
- "好吧，我也想要得到我想要的。'不行'，我也不会让步的！"

"12 个橙子"

想想"12 个橙子"的故事，这个很简单的故事可以用来解释这种进退两难的困境！

假如你是一个健身狂人，早上起得很早，然后走到街角的商店里买了 12 个橙子。你把这些橙子拿回家放到了冰箱里，想着当天下班回家后，先换件衣服出去跑一个小时的步，然后再回家把冰凉的橙子榨成汁，就可以享受一杯冰爽的橙汁了。

但是，当你真的回到家想享受你期待已久的橙汁时，你发现你的伴侣已经把橙子从冰箱里拿出来放在了厨房的桌子上。他（或她）显然正在做蛋糕……一个橙子蛋糕！

你大声地喊道："你拿我的橙子做什么？"

你的伴侣回答道："我们有一个朋友明天过生日，我正在做蛋糕呢。只是一些橙子而已，不要这样大惊小怪，你可以再买一些。"

你说："但是商店现在已经关门了！我今晚就想要……那是我的橙子。我想要这些橙子。不，我需要这些橙子！"

你的伴侣说："我也想要这些橙子，我已经告诉我们的朋友我明天会带上这个蛋糕，我一定要把蛋糕带去。我也需要这些橙子！"

因此，对于谈判新手来说，这是探寻谈判准备的第一课。当双方处在这样一种模拟对峙的情况时，该如何解决问题呢？你有什么让双方都满意的方法可以解构"不行"吗？

首先来思考所有可能的解决办法：

- 你可以把橙子分成两份，你拿6个，你的伴侣拿6个。在这种互相妥协的情况下，双方都觉得自己失去了什么。
- 你可以劝说你的伴侣今天改做其他口味的蛋糕，不用这些橙子。这样你会觉得自己赢了，但是你的同伴会觉得自己输了。
- 你可能被说服今天放弃这些橙子。如果是这样，你可能会对自己的失败感到有些愤愤不平，而你的同伴则觉得自己赢了。

这些方法和其他的切、分、给、拿的解决方法都不是特别让人满意，当然也不会带来双赢。那么我们该怎么办呢？答案通常很简单，它就藏在我几年前住在纽约时买的一本书里。那是一本教你如何得到自己想要的任何东西的书。在第一页上，它给出了很简单的建议："提出问题！"

顶级销售者和顶级谈判者的首要工具就是提问和获取信息。

提问可以让你开始了解对方的利益所在。

当你不说话时，提问可以引导对方说话。这是一个令人惊讶的方法，既强大又有说服力，你似乎可以在谈判中对任何一方使用这个方法。

人们对此有这种强烈的感觉是因为：

- 与听到的内容相比，人类更在意自己说出的话。
- 与免费却不是自己想要的东西相比，人类更在意自己想要的东西。

所以，当你询问别人的想法、意见或感受的时候，你能得到很多有用的好处。最重要的是，你开始思考他们说"不行"的原因。如果你开始思考自己或己方为什么说"不行"，你就能理解其中的原因。

在"12个橙子"的案例中使用提问工具解构"不行"，你就会停下来问自己：橙子是由什么构成的？它是一种物质还是多种成分组合而成的水果？伴侣需要整个橙子吗？我需要整个橙子吗？

这一过程可以引导你直接去问伴侣："你能告诉我，你做蛋糕时如何使用橙子吗……你需要用整个橙子吗？"你很可能会发现他不需要橙汁，只需要一个你不需要的东西：橙皮。结果，你发现你们都能从这些橙子中得到自己想要的：你得到橙汁，你的伴侣得到橙皮。

你通过提出正确的问题解构了"不行"，实际上已经到达了所有顶级谈判者的至高殿堂，获得了双赢！

基于各方利益解构"不行"

好的谈判协议是通过注重各方的利益而非他们的"立场"去解构"不行"的。

所谓的"立场"表面上是指你目前所处的固定位置,你不能或不愿意离开那个位置。你可以把它想象成棋盘中的一个方格、梯子的一根横木、比赛的排位……你要销售的物品的价格若超过它,你作为买家将不愿意支付。

每个立场的背后都是你的"利益",而你的利益会一直让你待在那个位置。换句话说,你在棋盘上走的每一步导致你的棋子到了那个位置,而周围其他棋子的当前位置让你只能把棋子放在那个位置上;你爬的每一级阶梯让你站得这么高,但这个梯子没有更多的阶梯让你爬得更高了,你就只能停在那里;你在比赛中超过一些人到达了那个位置,但是你怀疑自己是否有能力超越前面的人,这个想法让你保持在那个位置上。生产产品所投入的成本决定了你必须保证的最低利润率,而事实上你的所有其他客户也总是支付那个价格……你需要得到你想要的产品,但不想支付目前的价格,所以你愿意向销售者提供一些其他的服务来填补差价。

根据你个人的"立场"来界定把你带到谈判桌前的问题的缺点是,谈判双方至少有一方会在交易中"失败"。

但是当以双方"利益"来界定这个问题时,这种方式往往可以解构"不行",而且可以让双方都满意。

> 人类的管理艺术就是让人们自愿去做那些无论如何都必须要做的事情。
>
> ——肯尼斯·H. 布兰查德(Kenneth H. Blanchard),《一分钟经理人》(*The One Minute Manager*)

例如,如果在一场谈判中双方在某个项目上因为谁去做、做什么、什么时候做等问题起了冲突,那么你就不要再去争论谁对谁错了。

你在那儿不是要证明你是对的!(这就是一种"立场"。)你在那儿是为了达成协议,让事情得以推进。

相反,在谈判前后提出的问题会揭示出立场背后的利益。然后让我们来想想为什么不同的人会有不同的感受。

为什么坐在桌前的一个人觉得给他限定的截止日期不公平,而另一个人为什么会认为她自己不能完成任务?你能做些什么事来让他的工作量更容易管理,同时又不会给团队中的其他人带来额外的工作量?担心截止日期的那个人实际上是不是在告诉你,他在这个领域没有足够的自信,而一对一辅导会对他有些帮助。你要一直尝试去发现一个人的需求或"立场"背后潜在的需求和利益,以便发现真正的问题所在。很多时候,如果可以公开解决这个问题，就能满足双方的利益。

你要一直思考："他刚刚为什么那么说？""她为什么会有那种反应？""她为什么说她必须要有自己的办公室？""对于我们的价格，他们真正顾虑的是什么？……他们拿我们和谁比较？"

去年夏天，我遇到了一件需要自己"解构不行"的事情。这件事情发生在我的个人生活里，起因是我喜欢开飞机。但由于我没有飞机，所以我会定期从当地的一个飞行俱乐部那里租一架。事情发生在 7 月初一个明媚的清晨，由于俱乐部管理混乱，我预订的飞机在同一天也被俱乐部另一个成员预订了。我们同一时间抵达那里，才意识到发生了什么事。（不言而喻，未说出口的争论在不断地积累。）

"你看！我先预订的……"

"是吗，我也预订了。"（是的，和所有人一样，我们都有各自的立场。）

"我真的必须拥有这架飞机，你知道……我还有另外两位乘客，他们都期待和我一起出去玩一天。"

"鲍勃，我这个周末必须要开飞机，因为如果我没有达到最低飞行时间，我的飞行执照就要过期了。"

我们不可能同时拥有这架飞机，所以我们怎样解构我们的"不行"呢？第一个任务就是弄清楚（分享）我们两个人想要这架飞机的原因。

- 我：我今天要去法国玩一天；我需要练习以达到飞行执照要求的时数；我喜欢飞行；我有两个朋友（乘客）和我在一起，不飞的话他们会很失望。
- 他：他也需要完成飞行执照要求的练习时数；他也喜欢飞行；他只飞行3个小时；他喜欢那架独特的飞机；没有其他的替代飞机。

我们一旦知道了"不行"这堵墙背后各自的"利益"，就能把足够多的共同利益联系起来达成协议。

结果呢？我邀请他和我们一起去法国玩一天，他同意了。我开飞机带着他们飞到法国，晚上他开飞机带我们回来。去的时候他负责无线电和导航，回来的时候我负责。我们都度过了愉快的一天，也都练习了飞行。

如果飞机上的所有座位都被占用了，那么这样的分享就是不可能的，我们可能会寻找其他的利益……比如我们飞行俱乐部的管理者……他们的主要利益是什么？让两个人都满意。他们可能已经从机场的另一家俱乐部那里转包了一架飞机。或者，当天放弃的一方在另一天租用飞机时可以享受俱乐部的折扣优惠。

一旦你开始解构"不行"，你就不难发现并行的共同利益，这些利益大多时候都能让谈判双方打破僵局。

那么，通过识别对方利益而不是立场的方式来解构"不行"，你就能一直在谈判中获得成功吗？哎，我的经验告诉我不能。毕竟如果可以这样的话，那么只要好战的国家一开始就坐下来讨论一下它们的利益，第二次世界大战就可能永远不会发生了……那世界上的一切都会很美好！是这样的！

几年前我在一家公司工作，该公司被竞争对手指控窃取公司信息。该公司坚决否认这个指控，认为是竞争对手恶意诽谤。最后双方庭外和解，因为没有充足的证据能够判定哪一方赢。但是那时候伤害已经造成了，双方之间已经没有了信任，只有沸腾的敌意。

18个月后，一位双方共同的国际大客户要求两家公司合作为他提供一项特别的无缝服务。为了完成这项任务，我们两个"竞争对手"不得不"谈判"一份合作协议。要是期望任何一方考虑另一方的利益，那就是违背人类的本性。只要问一个问题，即"你能说说为什么讨厌我们吗？"，就如同火上浇油一般。

> 西比尔·弗尔蒂：我能为你做些什么吗，巴兹尔？
>
> 巴兹尔·弗尔蒂：可以啊……出去，把你自己杀了！
>
> ——《弗尔蒂旅馆》(*Fawlty Towers*)

在这种情况下，我们要做的事与"解构各自的不行"恰恰相反。事实上，我们注重自己的立场，他们也一样。我们决定了可以接受的成套交易，他们也一样。与很多类似的谈判一样，当其中夹杂着敌意时，我们并没有遵循经典的套路：一点一点地协商……继续谈判……总结……有新的观点……协商……继续谈判。就像许多伴随着婚姻破裂的"谈判"一样，我们提出了自己想要的东西，或者更确切地说，是我们认为自己可以带走的东西。这种"特定例外证明通用规则"的谈判策略能让你表明你可以做出的让步和取舍。而且，当他们看到你的方案时，你能揣摩他们的反应，看看可以和他们交换些什么。

你再也不会成为值得信任的伙伴了……你们可能永远都不再愿意寻求合作了。谈判仅仅提供了一个分配战利品的论坛，双方能在这里为自己争取更多的利益。双方唯一的共同利益就是，如果他们不解决问题，那么律师们就会从可用资产里拿走越来越多的份额。

第五章

和"老外"谈判

费尔博士,我不喜欢你,我不知道原因;
但是我知道,而且非常清楚,费尔博士,我不喜欢你。

——汤姆·布朗(Tom Brown),牛津大学的学生,于 1680 年写下的关于当时的院长约翰·费尔(John Fell)博士的一段话市面上很多重要的学术著作都强调谈判的科学性。然而，在谈判新手努力应用这种科学性时，他们经常会发现谈判对手的行为并不允许他们练习这个"理论"。这是因为对手是不可预测且充满情感的人类。

最近，我在一家大公司主持一场为一些国际高级谈判人员举办的"复习"研讨会，显然其中一个人（当天被任命为"领导"）有一个非常简单的谈判策略：他只是说"不行"。无论他团队里的其他成员给出什么建议，他在各种谈判"角色扮演"的商业场景中都总是说"这行不通"。在谈判会议中遇到交易对手时，他几乎会对对手的所有提案都说"不"。当他们偶尔停下来进行小组讨论时，他总是建议对新提案说"不"。他的口头禅是："在现实生活中当然不会发生这种情况！"最后，他自己团队里的一些非常有想法且可以打破谈判障碍的人坐着不说话了。一些资历较浅的成员完全被这样的情况吓到了，只能盯着桌面或窗外。

第一天午休的时候，团队里的其他成员来向我抱怨他们的同事。"他就是不闭嘴。""他一直在说。""他永远都不听别人说的话。""我有个想法,但是我插不上话。""他太悲观了。""对方也开始烦他了……我看得出来!"

在两三个小时后的茶歇期间,我决定和他讨论一下他的谈判技巧和个人风格。他的年龄稍微大些(好吧,我俩年纪差不多!),而且显然年轻人在公司里越来越多地"掌权",所以他无奈地接近自己职业生涯的尾声。也许他想知道以他的经验和年龄,本身也没有弱点或缺点,为什么会被安排在这样一个"补习"的团队中。他的团队里有5个成员,其中一位女士(女人的观察能力是男人的5倍)早就告诉我,他的眼睛里散发出了"恐惧"。所以我决定不以任何方式规劝他,而只是和他"聊聊天"。[记住,维多利亚女王的首相迪斯雷利(Disraeli)说过:"每个人都喜欢听恭维话,但在王室,你要用抹子把恭维的话涂抹在他人身上。"]

我说:"很显然你是一个经验丰富的谈判者,你现在还在这个领域里做事吗?"他说:"噢,是的。但就像我在这次的培训里一样,我不是一个真的'领导者'。在实际工作中,我是带领大家制定'策略'的人,但我只是在幕后发挥影响或当顾问。"

我说:"那太好了。你觉得我们应该怎样培养这里的年轻人?他们不如你有经验,我想看看他们的表现。我们该怎么做呢?"

(你将注意到真正谈判者的风格)我又一次尝试把话题集中在他的利益上(让他感觉到自己被需要和尊重),而不是关注他的立场(头发花白且脾气暴躁的老男人!)。他立刻高兴起来。

他说:"我觉得我应该在培训中做同样的事情。如果你同意的话,我就会在休息之后作为顾问来'指挥'大家,但你要指定另一个人为'领导'。"

我试探着问:"我们怎样才能知道他们学到了多少呢?"

他说:"我会在这周余下的会议上询问他们的战略方法,然后在他们有错误的时候让他们再好好想想。这是他们学习的最好方法。"

那是他在项目余下时间里的转折点。我的"挡架鬼"(我最后告诉了他我给他起的这个昵称)发现,当你闭上嘴并开始要求其他人表达自己的想法、观点和意见时,其他人对你的看法会瞬间发生变化。

不仅如此,当你开始倾听和理解谈判对手的思考方式时,谈判对手认为你能更好地了解他们的利益。当你这样做的时候,你的"不行"甚至在你看来都很荒谬(即使没有人真的说"我早就告诉过你了")。

本质上,就像你和我一样,其他人只是想要良好的自我感觉。如果他们感觉你尊重他们和他们的文化,并且你是在倾听他们说话,而不只是在努力证明你是对的,那么他们就会有良好的自我感觉。

人们通常不是针对你……只是为了自己而已。除了像上述例子里的人那样明显地陷入一种难以理解的消极心态之外,大家还暴露出了很多其他的问题：大家不理解我们，大家很情绪化，大家看上去和我们不一样，大家行事不同，大家谈话方式不同，大家太好胜了，大家太被动了，大家有不同的侧重点，大家不听劝。类似的问题还有很多。

所以，如果"人"是我们在谈判中遇到的主要问题，那么我们可以做些什么呢？我们为什么要对此采取措施？

正如我们已经看到的，良好的工作关系可以帮助我们解决分歧、展开交流，从而进行谈判。一个糟糕的人可以毁掉一笔交易或一个团队，即使从理论上讲，如果他一开始就搞好工作关系，一笔达成一致的交易也会使每个人受益。

我曾与一些我不喜欢（有时是非理性的）的人谈过交易，他们（偶尔！？）也不喜欢我。我曾经也和与我价值观不同的人进行过谈判，反之亦然。生意和商业活动并不是拼人气，不"喜欢"某个人也不是不能与其达成交易的借口。如果你真的用这种方式来评判一场谈判对你是否有用，那么你就是留着门，让像我这样的人溜进去把你的生意都抢走。

就像所有的关系（包括婚姻）一样，你必须努力让它们运转起来……它们通常不会碰巧发生。

文　化

正如我们在第一章中看到的"对现实的感知"错觉，我们都是通过不同的"万花筒"去看这个世界的。作为谈判新手，我们未能理解这么重要的事实，所以很容易搞砸谈判。例如，下面是一些你在参与谈判之前可能会觉得有用并牢记于心的建议。

- 大多数美国人在第一次见面后的几分钟内就可以和你坐下来开始谈判，这对他们来说很容易。美国人不会因为要和你做交易就去了解你，这与中东或亚洲的人非常不一样！没错！如果美国人真的想和你做生意，他通常就只会给你一张名片。在大多数亚洲国家不是这样的，给名片只是一种简单的礼貌行为……但在中国、日本、韩国、马来西亚和菲律宾，你一定要用双手递名片。单手从上衣兜里拿出名片会被直接视为怠慢。
- 如果一位英国人说你的提案"非常好"，那么他是在暗示你的提案充其量只是"一般"。然而，如果一位美国人告诉你某个东西"非常好"，那么他想要传达的意思就是真的很好！
- 在和挪威团队讨论问题时，你可能会使用一些在和美国人或英国人谈判时同样会使用的物质主义的或充满渴望的话语，但你会发现挪威团队明显散发着冷漠。在挪威这是很重要的事情，但没有人提及：挪威是一个非常平等的社会，以"詹特法则"（Jante's Law）为支撑——你永远不应该认为自己比别人好，你永远不应该认为自己"拥有"的比别人多，你永远不应该认为自己"最厉害"。

- 一般来说，在斯堪的纳维亚国家，如果你被邀请出去吃饭时有人举起酒杯来祝酒，那么你在喝一小口酒之前一定要注意和每个人进行目光接触。简单地说句"干杯"并喝下一大口酒会被认为是最粗鲁的行为。

- 在中东，你会发现对方在没有了解你之前是不会开始谈判的。他们可能会召开几场会议——不讨论什么生意，而是进行一些一般性质的讨论。对于这个地区和远东的人来说，在做交易之前对你进行充分的了解很重要。这样你所签署的那份实际合约才能更具象征意义。但是在美国和欧洲，合约代表"所有"，因此握手在许多国家和文化中更有约束力，而"荣誉"和"面子"是握手的驱动力。

- 在与俄罗斯人和伊朗人的谈判中，即使你面对的是恳求、个人情感、愤怒甚至眼泪，你也要将你的利益坚守到底，你以前可能从未有过这样的经历。这些国家的人都很强硬，他们希望你也这样——坚定地表达你的观点，仔细地倾听他们的意见。如果你太早做出妥协，那么他们就会觉得你很软弱。我最近在和德黑兰的公司进行一些培训交易，每次交易都很严格且毫不让步。最终的结果是，如果你先花时间听取他们的意见（准备好听很多艰难又幸运的故事，还有发音神秘且古老的语言），他们就会突然找到解决办法并提出新的建议。令人惊讶的是，这些建议能完美地满足你的利益。相信我，如果他们回到谈判桌前，那么你身上肯定有他们想要的东西。

- 还有餐桌礼仪。作为一个英国孩子（我相信美国、法国和爱尔兰的孩子在各自的国家也是如此），我总是被教导在用餐期间不能把胳膊肘放在桌子上。直到最近我才惊讶地发现，在德国，人们总是要把手放在桌子上方看得见的地方。所以在德国的商业社会和上流社会中，"把胳膊肘放在桌子上"是应该做的事情，人们完全不会觉得这是粗鲁和无礼的行为。

那么，这些真的重要吗

恐怕是的。你要认识到同一个国家或城市的公司之间甚至家庭之间也存在差异，这很重要。如果你想谈判成功，你就必须尽快采取行动，这很重要。其他的人和文化不一定是"错的"。但如果你认为他们可能是这样的，却什么都不做，那么你可能会失去你从谈判新手转变为他们眼中的高级谈判者的机会。

最近，我们正在伦敦（我的家乡）和一个英国团队谈判，我一直在努力地和他们建立融洽的关系。他们为一家大型国营石油公司工作，来自一个我认为穿着非常正式和考究的国家。所以，相应地，我穿着一套熨好的新西装、白衬衫，打着漂亮的领带，穿着一双擦得锃亮的鞋出现了。但是一开始有点儿尴尬，我不知道为什么。第一次会议持续了3个小时，我真的认为这不会对我有利。尽管如此，在会议快要结束的时候，我仍建议总结一下目前的讨论内容，然后走到白板前记下了"重点问题"。我一边这样做，一边脱下了外套，解开了领带。气氛开始变得轻松起来。

他们的首席谈判代表说："感谢上帝！我们以为你真的很紧张……现在让我们开始认真讨论吧！"就像谚语中说的"房间里的大象"一样，原来我的领带一直是巨大的"文化"障碍！这些石油商都没有系领带；他们都穿着开领衬衫。我的领带是一种文化失礼。谈判一直持续到下午，然后在接下来的一个星期里，这笔交易终于谈妥了。

和谐是一切问题的答案吗

如果你把两个来自世界不同地方的人放在一起，那么你可能会认为，因为我们似乎有同样的品位，所以融洽的关系会立刻产生。但情况恐怕不是这样的。仅仅因为我从一家香港裁缝店买了西装，我的潜在日本商业伙伴也在那儿买衣服（顺便说一句，这家店很棒，它会到世界主要城市进行访问，为你做一套萨维尔西装的价格是伦敦价格的 1/3），这其实只是个开始。我们都喜欢在电视上观看最新的橄榄球世界杯赛，都喜欢《采珠人》(*The Pearl Fishers*) 里的二重唱，都喜欢加利福尼亚州纳帕谷的葡萄酒，这些会让一切都好起来。哎……但我们对于"正确行为"的理解非常不一样，这很容易扰乱谈判。

我最近（嗯……我想到的大概是 20 年前的例子）和一位日本的潜在商业伙伴一山（Ichi San）谈判了几个星期，但我们还是没有冲破阻碍——我想要的交易从未达成。经过反思，这与我们在谈判过程中不同的观点有关，与我们对彼此行为的误解有关。

对于我来说（多年来，我已接受过许多美国和英国顶级公司的培训），谈判是为了促成交易。停止吧！当讨论没有按照我认为应该有的速度进行时，我的这一论点就会变得越来越有说服力。几年后，一山和我在纽约工作，当我们在希尔顿酒店（Hilton Hotel）偶遇时我们谈论过这件事。他告诉我，他认为我的仓促行事是不尊重他的表现，所以我们的谈判实际上在谈判开始后的前几天就结束了。

因此，尽管全球化、互联网、快速通信和市场营销已经以多种方式让世界变得很小，但我们的文化之间仍然存在着深刻的差异。尽管有相似的品位，但一山和我在很大程度上都在以自己国家的文化方式谈判。因为我们在谈判的过程中没有理解对方的想法，所以最后我们一无所得。

认真的谈判总是一件棘手的事情，谈判新手必须为此做好准备，因为如果你做对了，你就会获得巨大的回报。人们一开始对"谈判"产生需求往往是因为在之前简单的"销售"中失败了，因此除了渴望（见第一章）之外，谈判还需要同等程度的耐心和外交手段。但无论是家庭、公司、城市还是国家之间的谈判，平衡跨文化的谈判都可能会给你带来一些挑战。所以我在这里给出一些建议，希望能帮助你和"老外"谈判。

提前了解

　　作为训练有素的专业销售人员，我可以告诉你，在你尝试销售任何东西（想法、概念、产品或服务）之前，提前了解对手的期望是获得成功的关键。你的谈判对手所期望的谈判结果可能和你不一样。

　　和你一样，你的谈判对手也想在谈判中获得成功，但或许对方想要获得的成功与你想要的不同。几年前，我几乎毁掉了和挪威人的那场谈判，因为我过分地强调双方都要获得一个成功的"财务"结果，而我的对手则认为成功在于团队的凝聚力，在于"把更多的时间给予各自的家庭"。那天晚上，有一个对手在酒吧里低声对我说我当天很滑稽且"不具有挪威风格"，直到那时，我才挽回了局面。

　　人们做决定的过程也常常不一样。在美国和欧洲，高级管理者通常独自做决定。而在日本，平级管理者通过达成共识来做决定，这通常会增加你需要的谈判时间。

在西方国家，我们高度重视在许多交易中融入适应未来的灵活性（因为谁知道明天会发生什么呢？）。然而，我的谈判伙伴、曾经失败过一次的一山表示，一旦日本高管做了决定并与团队进行了讨论，他就会认为改变这个决定很可耻、很丢脸。

你在开始谈判之前要认真努力地了解这些潜在的态度，这将帮助你站在对方的角度去看待世界，以及确定潜在合作伙伴优先考虑的事情。然后，你就可以根据情况调整你的策略。

尽早搭建桥梁，公平竞争

所有人都会有一些相似的人生经历，比如你可以选择家庭、住所、业余生活、孩子等。所以，你要努力提前找出你能和潜在商业伙伴分享的事情，以及任何可以让"老外"和你分享的事情。当我和一位日本商人合作时，我发现他曾经在完成一次英国的"外派"任务时居住在伦敦郊外的一条路上，那里邻近我的住处，他的孩子和我的孩子上的是同一所学校。"啊，奥克伍德大道（Oakwood Avenue）……在贝肯汉姆……你知道的！一条非常高级的路！有非常好的房子，许多日本人住在那儿。"这样一个非常简单的联系就可以帮助你克服诸如骄傲、兴奋、肤色、自我意识、斗争、"面子"等与"人"相关的问题，以及所有复杂的"障碍"。

尽早建立这种联系是一个非常好的策略，因为这些问题随时都可能会在你最不希望出现的地方出现。

只有这样，你才可以开始认真地思考如何谈判。为了让它简单一些，作为谈判新手的你有两种选择："对抗"和"解决问题"。

作为一个具有对抗性的谈判者，你是一个强硬而苛刻的人，很少做出妥协。正如本章前面所述，当你面对的是一种很强硬的文化时，这种方法显然会获得成功。在这种情况下，你非赢即输。但谈判结果很少或永远都不会是一份有条件的协议。

另外，作为一个解决问题的谈判者，你需要有更广阔的视野，尽量在不突破底线的情况下达成你想要的交易。你可以在任何合适的地方建立共同点，然后一点一点地进行谈判。

虽然谈判新手必须谨慎采用一种普遍方法以适用于所有的文化，但大多数探寻说服他人的最佳方法的学术研究似乎都认为，在应对跨文化谈判时理解问题和解决问题是最有可能取得成功的方法。如果你想避免代价高昂的错误，那么解决问题是你最应采用的方法。但是，它也有一定的局限性。

对于很多社会来说，谈判在早期是一种仪式，这尤其适用于亚洲和中东的文化。而且，即使最后证明你的外国对手并不需要这些仪式，你也最好去了解一下即将坐在谈判桌对面的人是用哪种文化仪式谈判的。我在这一方面犯了比其他方面更多的错误！所以，实际上我应该把下面这句话写100遍：不是所有人都像英国人那样思考……不是所有人都像英国人那样思考……不是所有人都像……

所以现在，就我个人而言，我一直在努力去发现、去交谈，以了解谈判对手的商业文化。然后，我请他们说出他们的社会和文化期待的商业行为……我把这些都记录下来！而那些可以帮助我的人通常是当地大使馆或领事馆的人。如果我找不到他们，我就会在谷歌上搜索一下"文化"，总能找到许许多多有用的信息。

谈判仪式并不仅仅局限于"东方的"谈判。我举一个欧洲国家的例子：德国。

在德国你经常会发现，在谈判初期你不得不在分析"数字"细节上花费大量时间。所有的细节和数字必须首先达成一致。人们经常会看到一些倒霉的"笨蛋"低着头看着他们的笔记本电脑，而上面的表格里全是数字。他们的工作就是确保这些数字无误！几年以后，我发现这种正式的德意志式行为实际上与数字分析和完美主义无关。这只是一种建立信任程序的仪式——两个潜在的交易对手进行一系列的例行检查，以表示相互信任。

在德国这个社会里，即使你已经认识对方好几年了，你也不能在商业环境中直呼其名，这是"禁忌"。（我在路透社的法兰克福办事处工作了20年，在整个工作期间，我都是"埃瑟林顿先生"。）所以在德国或在一个相似的文化里，迅速解决问题的方法，即试图快速找到共同点，或许对那些具有仪式感的谈判者来说是很大的威胁。他们没有"错",这只是一种你必须有所预料和理解的不同的行为方式。

当你在谈判中遇到文化差异时,你需要意识到灵活自由的风格(比如美国人、英国人和澳大利亚人的风格)可能会产生负面影响,因为大家更倾向于接受更具仪式感的正式风格(比如德国人、日本人和伊朗人的风格)。如果对方不理解你的"灵活自由的风格",他们可能就会将其视为圆滑又狡猾的"异类"行为,并对此表示不满。这是因为他们一开始就没有接受过培训,甚至没有文化意识,当然也就无法用相似的灵活性去应对问题。接下来,你会经常在他们的脸上看到尴尬。他们可能会感到尴尬和笨拙……甚至低劣,这样他们就很难相信你的真诚了。他们可能会认为你的"战术"是要把他们引诱到另一个既定的团队(也就是你的团队)所定义的外部领域里,这将使他们处于不利的地位。

如果你想让人们与你合作,你就要记住本书前面所说的:要让他们有良好的自我感觉。人们通常不是针对你……他们只是为了自己。

让事情得以控制

好了,你已经开启了理想的"解决问题"式谈判。你已经搭建了桥梁,可以通往平等或"共同的"竞技场。你知道对方的一些事情,有一些可以分享的人生经历,他们对你也有所了解。现在，你要想想接下来的谈判战术。现在，你可以开始和他们讨论这些问题，并尽可能多地使用从文化导师（大使馆顾问/领事馆人员/熟人/网络）那里了解到的信息，以调整自己的行为，适应潜在对手的文化。

应对意大利人（和其他快速的谈判者）的有效策略

我在米兰谈判花了相当长一段时间，我发现意大利人（通常比其他国家的人说话更快，情绪更容易激动）经常试图在这个阶段加快速度。他们会反复重复自己的条款以拖垮谈判对手。知道这一点后，在面对"快点！快点！……加速！加速！"这种情况时，我发现了一个非常有效的策略，即让自己看起来"注意力不集中"。我是这样做的：想象一个典型的情况。也许在复杂的谈判过程中会有第二次或第三次会议。他们很明显想和我做生意，否则他们就不会坐在那儿。我们已经解决了大部分问题，而我的对手希望我现在就做决定……在午餐前！……（这样他们就可以早点坐飞机回家，而不用因为想要一个更好的长期结果而工作更长时间。）对手一直看着我（他们想"迫使"我这么做……我从他们的脸上看得出来）。"那么鲍勃会怎么做呢？'同意'……或者……"

我看着桌面……我什么也没说……我慢慢地（非常慢）把手

伸进我的口袋里，拿出一支印有公司徽标的塑料笔。（大家都在交谈）可是在我按下按钮时，笔尖却出不来了，我试了好几次……咔嗒……咔嗒……咔嗒……有人给了我另一支笔，我礼貌地谢绝了。我慢慢扭动笔的顶部，弹簧却突然把笔头弹掉了。我试着重新组装它，但是没成功。我又试了一次，有点儿效果了……直到我在书写板上试了一下……咔嗒……又弹开了。然后我慢慢地把手伸进口袋里找到另一支笔……咔嗒……这支能用。现在我抬头看着其余的谈判者（有点茫然）说："噢，太抱歉了！我完全忘记了我们谈到哪儿了，谁能提醒我一下？"

谈判桌的另一边是中国谈判者。要想在21世纪取得成功，你就要重视和中国人的谈判。

根据我的经验，他们是非常棒的谈判者。你会发现，他们经常在早期阶段提出一个又一个提案，目的是测试你们之间交易的限度。你也要习惯沉默，他们擅长非语言沟通的艺术。在与中国商人的谈判中，这些非常重要。不要用一个笨拙的问题打破沉默："赖先生，一切都顺利吗？""赖先生，你看起来很担心。""赖先生，你说得不多。"这些都会真的惹怒他。对于他而言，打破沉默是最无礼的表现。

或许对方对于你的询问回答甚少，并期望你能从他的手势和话语中收集到你想要知道的信息（无论那是多么少）。在我们更为直接的西方文化中，谈判新手会发现自己很难适应这种行为。但是耐心和演绎推理的应用此时对你很有益。人类之间的交流［就像我们之前根据艾伯特·梅拉比安（Albert Mehrabian）教授在1967年的研究所说的］55%靠肢体语言，38%靠语调，只有7%靠话语内容。所以对于你来说，只要稍加练习，这就不会太难。

大多数谈判新手（多为白种人）最怕沉默和休息（即使是长时间的休息或完全放弃谈判）。除非我们深受冒犯，否则我们不会中断讨论或停止谈话。但是，如果亚洲的谈判者对谈判有些不满意，他们通常就会放弃那个项目。如果发生这样的事，你就要试着回头找到并解决问题。

但有最后一点：你可能会关注潜在伙伴的文化，但是也不能忽视他们作为个体的一面。相似性与和谐关系是影响行为的关键因素，因为我们都倾向于喜欢那些与自己"相似"的人。所以，尽可能多地了解对手的性格和交流方式是最好的方法。然后，根据个人情况简单地调整你的方法并将其个性化。

顺便注意一点，这并不是试图模仿外国人的口音，或者尝试配合日本社交的鞠躬礼仪。你不能忽视文化——这也不可能发生，但是你必须把文化当作背景，因为你还必须要试着注重谈判桌前特定个体的能力和方式。

如果可以的话，尝试模仿个人的细微行为：当他们向后仰时你就向后仰；做类似的手势；用同样的节奏和声调说话。简而言之，就是用同样的方式说话和行事。心理学家也告诉我们，我们有三种感知这个世界的基本方式：视觉、听觉和动觉。虽然我们都是组合使用它们，但其中一个总占主导地位，并根据个人的差异而有所不同。视觉型的人通过图片看世界，他们使用这样一些词和短语，比如："我明白你的意思""我明白了""这样看来"。听觉型的人主要以声音的形式来观察这个世界，他们用的词和短语如"我喜欢那个声音""我听见你在说什么了""这听起来很耳熟"。动觉型的人通过触觉和感觉来感知这个世界，他们的常用语有："这有点粗糙""我觉得这是对的"……"我们现在正行驶在一条崎岖不平的路上""这让我很急躁"。你要开始一个过程，即让某人在不知道为什么的情况下"喜欢"你（和你的想法），你只要使用与他们一样的手势、表情、声音和话语就可以做到。

你正在努力创造一种全新的、相互的、无意识的共识文化，所以这通常都会获得成功。

结　论

这一章的内容都很重要，因为这个世界上最有说服力的词是"你"。

如果你想让其他人接受你（谈判新手）的劝说，那么使他们觉得你专注于他们想要的东西，你就会走得更远（更快）。这也不是什么新奇的"新时代"废话。请回顾戴尔·卡内基（Dale

Carnegie）在 1936 年出版的畅销书《人性的弱点》(*How to Win Friends and Influence People*)。(前 10 年印刷了 1 500 万册，至今仍在印刷发行！)卡内基在这本书中说：如果你想让人们接受你的想法，那么你需要做的就是和他们谈心。所谓"有魅力的"人只是具有一种力量，即在特定的时刻将"全部注意力"放到正在与自己交谈的人身上。为什么这么有效？……因为，就像社会与商业说服的各个方面一样，我们主要是基于潜意识和情感层面来做决定的。只有当你我的情感需求都得到满足时，我们才会认真考虑事实，以证明关于继续进行的决定是合理的。

人们想要什么呢？这并不是很难。

- 良好的自我感觉。
- 有人愿意倾听自己。
- 有人明白自己的价值观。
- 有人理解自己的文化。
- 有人了解自己的需求。

这就是我们想要的一切。当然，作为人类，更复杂的是我们在很大程度上是不可预测的。不管我到目前为止在这一章里写了什么，你下次谈判时遇到的人可能会以一种完全不可预测的方式行事。我们会愤怒、自负、郁闷、恐惧和沮丧，由于我们是谈判者，所以我们只能忍受。

记住：不喜欢某个人并不是不和他谈判的借口。

我需要告诉你多少次

许多谈判新手也没有意识到，双方的交流是通过彼此的眼睛和耳朵进行的，在这个时候，话不是从他们嘴里说出来的。因此，他们不明白自己说的话很容易被误解，甚至会让对方感到困惑。这可能还会加深人们的偏见。

那么这种无知的结果是什么呢？人们在不断深入的过程中察觉到意外的威胁和攻击，随后反击——这看起来很有趣，但是在劝说别人时就没什么效果了。谈判退化为冲突，在这场冲突中，谁是正确的比什么是正确的更重要。现在，这个"挽回面子"的游戏成为重要的问题，比你们最初坐下来谈判的真正问题更重要！

如果你不和谈判桌前的其他人（之前曾费心评估过他们的敏感程度）一起坐下来，并且继续对情绪的变化保持敏感，那么事情可能会发生灾难性的错误。（不相信我？……想想世界政治中无数的"对立"状态，也许"谈判者"应该读一读这本书！）

顺便说一下，这并不意味着你必须要向一个暴君、一个咄咄逼人的政权，或者一个强势、疯狂、恃强凌弱的谈判者屈服……

那是软弱，不是敏感。敏感是承认、倾听、思考、提问，以及在我让你打开这本书时保持开放的心态，即"也许他是对的"。

所以，在谈判一开始你就要和对方建立和谐的关系，营造一个良好的氛围，让你和你的团队以及对方的团队能共同努力，以找到解决问题的办法。

第六章

我不知道自己为什么那么做（策略和计谋）

不管你认为自己能还是不能……你都是绝对正确的。

——亨利·福特（Henry Ford）

每当我举办有关谈判的培训或研讨会时，我总是在一开始就问与会者想从这个项目中寻求什么。他们一致认为，他们正在寻求一些新的"谈判计谋"。

但是我真的没有"计谋"。

我知道一点儿餐桌魔术，我可以从孩子们的耳朵里变出硬币。但是，使用巧妙的文字游戏让人们做事真的不是我的风格。

"计谋"隐含戏法、魔术、操纵、狡猾和欺骗的意思。

问题是，如果对方见过或认为你行事机敏，那么你也许可以侥幸逃脱一次，但是你会发现，未来再想谈判就很难了。

不要在家里（或谈判时）这样做

我自身的经历说明，为了得到明智且有效的结果，谈判不仅需要小聪明，还需要更多。

几年前，我在纽约参加了一个晚间研讨会，大家公认的一名顶级谈判者要在会上向我们展示他在当今世界中如何结束谈判。

当事情陷入僵局时，他的主要技巧是建议大家把悬而未决的问题都写在方便使用的"白板"或活页纸上，供所有人参阅。具体方法如下：

谈判的领导者拿着记号笔站起来，在纸的左边写下数字1~10。如果纸上的空间不够，那么至少要写上1~6。然后，策动员必须让对方把所有需要解决的问题一个一个地告诉他；每个问题都写在之前写好的数字旁边。

在写完最后一个问题之后，策动员询问对方是否已经写完所有的问题。待对方确定后，他在纸上的最后一个问题下面画了一条横线。（研讨会领导者把这条线叫作"终止线"。）接下来，领导者对其他对手说："所以，如果我们能解决这上面所有的问题，你们就会与我们达成交易吗？"

（这实际上类似电影《老千计状元才》(*The Sting*)。）他们要么说"会"，要么说还要加一些问题，要么说"不"并表明他们不是真的感兴趣（在这种情况下，他们都在谈判些什么？）。他们通常会说"会"，然后领导者会使用技巧解决每一个问题，我只能将其形容为文字游戏式的"异议反驳"的销售技巧（很像20世纪60年代的风格！）。多年前，我在20世纪70年代竞争异常激烈的复印机市场上学习过这些技巧。我在这儿不会讲这些（它们不适合如今的商业世界），但是作为一个富有37年经验的老销售员，我可以说这更像是在法庭上被专业的律师晾在一边，而不是参与复杂的商业谈判。关键是，这些技巧确实有效，但通常只对任何给定的交易对手起一次作用，下一次同样的对手会做好准备。

领导者每解决一个问题就会在上面画一条线，然后开始解决下一个问题。在解决完所有的问题之后，领导者又问其他人："确定就是这些问题了吗？"不幸的对手现在必须要说"是的"，因为他们已经说过"会"了。（说"不"就等于承认他们不知道之前讨论了什么。人类骨子里始终渴望达成一致。）然后合同被起草并签署，其实对方并不清楚发生了什么事情。

我总能想起那次纽约研讨会上的恶作剧，就像西班牙斗牛一样。为什么每次斗牛之后都要把牛杀掉？他们为什么不能给牛处理一下伤口，几周之后再把它送回斗牛场呢？为什么？……因为如果他们把牛再送回去，牛就知道了！

同样，如果你使用"计谋"和巧妙的文字游戏得到了你想要的，那么下次（经常有下一次）他们就会知道并做好准备。

不！……"计谋"不属于谈判技巧。

另一方面……

作为谈判新手，你最好考虑一下人类的一些心理习惯，这些习惯是我们思考的方式、大脑运作的方式以及我们感知世界的方式。

"告诉"人们许多事情是说服他们做任何事情的一种非常糟糕的方式。但是，一旦你了解了每个人的大脑处理信息的方式，然后指导我们（居住在身体里的人类）前行，你就会成为一位更具说服力的谈判者。你能够帮助他人说服自己。

我在本书的前面介绍过心理学家已经发现了所有人感知事物的方式，我也展示过如何用它和自己的大脑开玩笑。这不是冷酷的现实，它只是在帮助我们用最安全的方式取得进步和诠释世界。对于我们的大脑来说，这是一种非常好的方式，可以帮助人类感知几十万年甚至几百万年前的世界。那时，因为我们的祖先生活在危险且无保护的沙漠或丛林，所以这是我们潜意识里的本能反应。然而，现在很多本能反应仍然存在，了解它们可以帮助谈判新手说服他人或帮助团队说服他们自己。

你这样对我，我也这样对你……

你能掌握的第一个技巧是回报。在我们所有人的内心深处，根深蒂固的是合作和回报。如果你为我做了一些事情，那么我也会为你做。

在动物王国中，灵长类动物一直都是这样做的。例如，因为阿尔法雄性狒狒垄断了所有可以生殖的雌性狒狒，所以雄性狒狒结成了联盟。其中一只雄性狒狒会分散阿尔法雄性狒狒的注意力，与此同时，另一只雄性狒狒就可以与雌性狒狒进行交配。作为"回报"，下次两只雄性狒狒会互换角色。

这种回报技巧可以帮助谈判新手在谈判时让对方相信自己很真诚，是交易中值得合作的伙伴。例如，如果你觉得谈判已经变得有些艰难，可能会有一场对峙，那么你会发现停止讨论几分钟，稍微休息片刻，去卫生间或喝点东西会很有用。你回来的时候应该带点儿小礼物，可以是一杯茶、一杯咖啡或一罐饮料，甚至一杯冰水或一些饼干。你先把东西送给对方。

你会发现这么做的话，对方会很微妙地改变立场。接受你的礼物会在潜意识深处影响他们。现在他们非常希望回报你，还你这个人情。令人惊奇的是，这个人情往往比你给的小礼物更有价值。

我最近读书时了解到一项实验：一群大学的付费志愿者被邀请对测试员展示的一系列图像发表自己的意见。志愿者们认为这就是他们参加实验所要做的全部事情，于是他们整个下午都在发表意见。在下午快结束时，测试员离开了房间一会儿，回来后送给每个人一罐饮料。然后继续进行了一个小时的总结讨论，之后志愿者小组准备离开。当他们即将离开时，测试员突然有了一个想法！她想起她的女儿曾让她为学校体育队捐赠一些旅行费用，她就问志愿者们是否愿意捐赠。他们每个人都捐了5~20美元。

经过几次反复的实验，有的人收到了饮料，有的人没收到

（但是所有人都捐款了）。测试员发现，收到饮料作为意外礼物的志愿者的捐款总额比没有收到礼物的志愿者高 80%。

这个实验的一个简单变体是，专注于你想在谈判中达成的实际目标，而不是要求一些对方肯定会拒绝的东西。然后你一定要坚持住，为它争论一段时间。最后你不情愿地妥协了（承认对方观点的逻辑——人们喜欢自己是"正确的"），提出了一个更小或价值更低的需求（基于你最初真实的兴趣）。最终的结果是，对方认为你放弃特定目标这一点是值得回报的，这样你就能实现你真正想要的那个比较小的需求。

你没有说服他们……他们说服了自己。

这种回报在人类世界很重要！

剩下的时间不多了

我们都没有太多的时间，我们不能永远活着。我们不能节省时间，我们不能把时间存起来，我们不能"制造"时间……我们只能花费时间。如果你不花完今天的时间，那么它就会永远消失。世界上所有的时间就是你的世界里所有的时间。

年龄越大就会觉得时间越来越少，这种感觉日渐强烈，每个人都意识到了。事物不能持久，今日事今日毕，不要拖到明天。"星期五必须结束销售！""星期六关门！……一件不留！"

稀缺和资源即将耗尽的感觉是人类采取行动的巨大动力。确实，某些重要资源的日益稀缺（或对日益稀缺的看法）是进行谈判的主要原因之一。

在任何谈判中，你都可以分享你拥有的和你想要的信息，但是不要全部说出来。如果对方认为你有很多他们想要的东西（实际上比他们想要的还多），他们通常就不会认为你的东西有大价值。

最近，我为斯堪的纳维亚的高管小组安排了一项谈判练习，其中一方本应该拥有一个仓库，但是这个仓库里积压了他们迫切需要出售的大量特定物品。在这项工作的一开始，他们唯一的选择就是丢掉或回收仓库里的物品。幸运的是（我太善良了），我给他们介绍了一个意想不到的买家，这位买家迫切需要的正是仓库里积压的物品。卖方没有努力了解买方到底想要什么，也没有弄清楚这些物品对买方的真正价值，而是一听到买方的需求就脱口而出："我有个好消息告诉你……我们有一个仓库里面全都是你想要的物品。"然后，在接下来的谈判中，他们想知道这些物品的预期价格为什么会顽固地保持在低水平（事实上只比回收价格高了一点点）。

亲爱的谈判新手啊，坦诚很重要，诚实也很重要。但是你如果想让对方看到你的提案的价值，就不要让人轻易"得到"它们。当你站在对方的角度非常想要某个东西时，你就玩玩扑克牌；不要让对方知道你的需求，否则价格可能会飙升。

记住我在本书第一章里所引用的美国谈判家赫布·科恩的话："我在意……我真的在意！……但没那么在意！"

"是的"框架

人类的特点之一是我们喜欢保持一致。如果我们说过我们将在某个约定的日期和时间做某事，特别是如果我们公开说过，那么我们就有80%的可能性会这样做。

作为一个训练有素的销售员，我知道直接询问人们是否想在见面后的几天内处理订单或合同，特别是非常贵的项目，可能不会达成交易。即使买家很快从我这里买走了商品，他们也可能会觉得有压力。另外，如果我能鼓励潜在客户在销售过程的各个阶段都与我达成一致，并让他们对各种想法都说"是"——尽管这一切都越来越难——那么我就更有可能让他们说服自己购买商品。我们当中没有人希望自己的想法被"推销"，但我们都喜欢"购买"。

所以对于谈判新手来说，在谈判过程中一个行之有效的方法就是"放松"。要知道，坐在谈判桌另一边对一个非常小的需求说"是"的人更有可能对稍微大一点的需求说"是"，然后对再稍微大一点的需求说"是"；他们习惯说"是"，"是"让他们觉得舒服。

自我说服和"是的"框架确立于20世纪中期,发现它们的不是任何西方大学或学术研究,而是朝鲜军队——他们在20世纪50年代早期的朝鲜战争中发现了它们。当他们与被俘并被安置在战俘营中的美国士兵交谈时,他们发现通过提出一系列"是的框架"问题,就能相对容易地在几周之内扭转这些士兵的整个政治观念。

第一个问题是:"你认为美国政府以前有可能犯过错吗?"几乎所有士兵都给出了显而易见的答案,而这足以在他们心理播下怀疑的种子。在接下来的几个星期里,接连不断的简单且具有创造性的问题促使最顽固的士兵的观念也发生了实质性的转变。

权力与权威

如今的商业世界里有数不尽的"经理"。事实上,我不知道有多少高管不是高级经理、经理、初级经理、助理经理或见习经理。所谓的"徽章工程"(badge engineering)鼓励人们相信他们正在"取得进步"。但全球严重短缺的不是"管理者",而是领导者。

这个世界急需领导者……以强大、鼓舞人心、有权威的方式行事的领导者。世界上没有人真正知道接下来的几天、几个月或几年将会发生什么事。但是,这个世界非常需要那些似乎知道或似乎有计划并能鼓舞别人的人。授权的培训课程供不应求,顶级大学开设的领导力课程也都座无虚席。

人们通常都崇拜有权势的权威人物。他们崇拜权力,深受权力的影响。权力,甚至对权力的感知,在谈判中都非常具有影响力。但是权力不是与生俱来的,而是别人在你身上感知到的东西。借用一下亨利·福特(福特汽车公司创始人)的话:"如果你认为你有权力,或者如果你认为你没有权力……你是绝对正确的。"

在 20 世纪 70 年代,罗伯特·林格(Robert Ringer)出版过一本畅销书《恫吓成功法则》(*Winning Through Intimidation*)——一本关于如何在美国房地产市场进行谈判的书,他在书中讲了很多自己早年作为经纪人去交易对方的办公室谈判的故事,当时有一大批"律师"(实际上是朋友)随行。为了给对方留下深刻的印象,证明自己是一个"大人物",他花钱租了一架里尔喷气式飞机……他不习惯被人摆布。

2000 年有一部电影叫《永不妥协》(*Erin Brockovich*),其讲述了一个和上述故事很像的真实故事。影片表明了一个律师事务所的小人物(事务所的秘书和文书坐在谈判桌前扮演着高度合格的法律团队)足以"影响"一家大型医疗公司放弃恐吓的手段,进行合理的谈判。

斯坦利·米尔格拉姆(Stanley Miligram)在 20 世纪 70 年代的著名实验中发现,如果一个明显的"权威人物"要求志愿者做某些事情，那么愿意去做的人数让人吃惊！

在这个美国实验进行之前，研究人员曾预测只有千分之一的人会愿意去做。但是当权威人物（教授的白色实验服、灰白的头发、小胡子、眼镜和夹板）告诉他们"受害者"（实际上是一个演员，没有任何危险）可以呼喊和恳求，且他们也不会有任何麻烦时，最后有60%的志愿者（1 000个人里有600个人）按照权威人士的要求做了。

惊人吗？也许吧，但这并不真实。谈判新手必须意识到，他们的权力或被认为缺乏权力将会影响对方。

权力不仅存在于人的身上，而且存在于权威的迹象之中……我们惊奇地受到"印记"（有时是雕刻）、"迹象"和"命令"的强大影响。

我住在美国的时候，对非常有名的《偷拍》（Candid Camera）恶作剧节目的记忆特别深刻，它在通往特拉华州（Delaware）的主干道上放置了一个写着"特拉华州关闭"的指示牌。然后这一幕（在许多关于权力、影响力和谈判的图书与文章中都有详细描述）被秘密拍摄下来。许多车都停了下来，车主走近站在指示牌旁边的"公职人员"（实际上是一名参与节目的电视台执行人员），询问特拉华州发生了什么事。公职人员只是指着公告说："看指示牌！"忧心忡忡的车主们看了看它，问这条路什么时候能重新开放，但没有人试着开车越过那个指示牌。据报道，一名男子告诉

"公职人员"他希望道路能快点开通，因为他很担心住在那里的妻子和家人的安全。

书面文件、议程和计划的出现会对你在谈判中对权力的感知产生巨大影响。例如，他们用来书写的纸张（我的一个挪威客户总是评论我们在业务中使用的纸张的质感）非常重要。

我之前在本书中提到过，在中国或日本的谈判中印制标准普通商务名片很重要：永远不要随便从西装的上衣兜里把名片拿出来；总是要用双手递名片和收名片；接收者总是要看着名片几秒；总是要把名片放到面前的桌子上，如果他们团队中还有其他人，要把职位最高者的名片放在最上面。

我见过我前老板的一个高级主管（千万不要学他）在一场与日本人的谈判中……随便拿起了日本主管的名片，一边说话一边把名片卷了起来。那位日本主管感觉很受辱！

一般来说，纸张、卡片和标记的力量在于，与听到的话比起来，人们更愿意把权威性和合法性赋予书写的文字。

我们的潜意识似乎在说："一旦它被写下来了，它就一定具有正式性。"

既然你已经知道了这一点，作为一个谈判新手，你怎样才能有效且有策略地利用这些知识呢？

首先，不要在每次谈判的一开始就急着把所有内容写下来、打印出来或固定下来，有时在早期阶段要保持一定的灵活性。另外，当我在和不太擅长口语表达的人或团队谈判时，我经常发现把信息写下来很有用，尽管这样处理得慢一些。

我的脑子就像筛子一样，我总是要把复杂的谈判信息写下来，然后看着这些字（我自己的字），以便理解这些字的意思并整理出重要的信息点。

我不擅长发邮件，但是我确实使用邮件和信函记录了我所看到的谈判事实，这样我以后就不会忘记谈判内容。我的电子邮件也是罕见的，因此，在本书前面概述的整个"稀缺"领域里，它们被对方认为更有价值。

有句老话是"写下会议记录的人书写历史"，我也在努力成为那样的人。

因此，以下内容是谈判中的要点，我建议你先尝试用"文字的力量"在谈判桌上得到一些东西。

日程表

我总是建议谈判培训的参与者担任撰写和打印日程表的一方。打印日程表花不了多少时间，我总是用质量最好的纸打印，有时甚至使用"光滑"的纸张。你会发现在"权力感知"的游戏当中，一旦把它放到对方面前，大部分人就会紧随其后。是的，对方也可以这么做，但是大部分人并不愚蠢……他们只是太懒了！

即使他们后来确实想要调整某些项目的顺序，你也会发现你的日程表提供了适合你进行会议的一般框架。

证据和先例

因为我在谈判中坚守特定的立场，所以我随时准备迎接挑战——把能给予我支持的"书面"证据带到谈判桌上，尽可能写上每一个要点。

最近我和一家保险公司发生了争执，我的孩子出了交通事故（这不是他们的错，幸好他们没有受伤），但是这家保险公司却要求我去"证明"那辆车已经破旧到了会出事故的程度。我坚持认为它的实际价值要比评估员给出的车损高两倍……几千英镑。

保险公司拥有保险行业的经验比较表和各种行业的二手车价值账簿。我在网上花了10分钟的时间找到了5辆车，它们和我的车是同样的牌子和型号，以及同样的条件和里程，都是当天从有信誉的经销商那里购买的（有图片），我认为它们的售价和我的车的价值一样。保险公司对于这个"证据"毫无准备，我甚至想说保险人员真的很惊讶。保险公司支付了全部的车损……是它一开始提供的车损的两倍。

我也会在谈判的各个阶段花很长时间来起草信件回应对方或提出反对意见。我试着通过讨论我的提案中所包含的好处（对方寻求的解决方法）来说服对方，同时，在必要时指出如果他们不满意而拒绝的话会发生什么。

就在上周，我和一位印度客户在电话里讨论了一项培训计划，我曾在他所在的公司工作过。他非常了解我，我们彼此欣赏、彼此信任。尽管我非常清楚他要求的所有细节，但我还是在一份详细的书面提案中确认了所有的内容。

我浪费时间了吗？

没有。书面提案赋予我的建议权力和权威。它能让我呈现一份"正式的"文件，以一种商业化的方式做出妥善安排。它具体地说明了我所提供的服务的每一个细节，它更能说明潜在客户让我帮忙解决的问题。书面文件提供的"权重"可以证明最后的费用很合理。

与此相比，我的联系人很快就告诉他的同事一些类似的话："我和鲍勃·埃瑟林顿说过了……我告诉他我们想要的了……他说他能做到……他的费用是×××　×××.××英镑。"

"什么？！"

备用计划

我不应该把我的客户培训得这么好。现在当我们坐下来重新协商与他们签订的销售培训合同时，他们其中的一个人经常从我的竞争对手那里获取更低的报价。使用书面证据帮助自己获得更好的交易就像制订备用计划（见第二章）一样。

当这种事情发生的时候，我不得不提问以确保他们正在比较同类产品，同时也确保他们不会单凭价格而做出决定。我说："如果只是费用的问题，你就真的不需要和我们公司继续谈了。"然后，我带着我制订的备用计划准备（心理上）离开了……我很高兴，事情从来没有到那个地步。

书面协议

自从我家改装阁楼（对建筑商而言是影响重大的，对我而言不是）以来，我一直是第一个起草强有力的"初始协议草案"的人。

我在一开始就把事情做对了（我承认运气大于判断），它教会了我如何尽快写成书面协议。这变成了我与建筑商进行最终谈判的模式，也是我自己的需求清单。建筑商（这里是指对方）可以提出修改建议。显然，别人认为我接受建筑商的微小改动"非常合理"（实际上我从没说过这些话）。在开始做这个项目的时候，他们曾试图"走捷径"，导致了最后的变化和错误，那时候我很高兴自己一开始就把协议写了下来。

所以，试着成为写协议草案的第一个人吧！

接下来，我把最近发生在我身上的一件事情作为书面文字力量的最后一个例子。在2006年年中的一个工作日，我在午餐前到达了哥本哈根万豪酒店（Marriot Hotel）。当时酒店大堂空无一人，我就问礼宾员能否在我办理入住手续之前帮我看管一下行李，因为我要穿过马路去买一件在酒店健身俱乐部穿的T恤衫。

当我10分钟后回来时，刚刚空无一人的酒店大堂前台处挤满了要办理退房的人。我问礼宾员发生了什么事，他指着桌子后的指示牌说："中午12:00办理退房手续。"他说90%的住客在看见那个牌子时，就好像它是"十诫"之一，他们都会在离开的那天尽职尽责地排队，绝望地等着办理退房手续！我总是申请延迟退房，所以我对这种情况感到很惊讶，但他告诉我几乎每天都是这样：来自世界不同地方的住客看了指示牌，然后毫无疑问地按照指示去做。

谈判新手应该记住这种对权力（或缺乏权力）的感知是如何改变人类行为的。然后，考虑到其影响，你可以选择以下两种方式之一来做练习。

第一个选择，你可以确保你有一个权威人士的外表和感觉。当你走进房间时，你的衣服必须说明这一点：干净、整洁、熨烫平整。如果谈判对手的文化是"便装"而不是"正式西装"，那么你的着装也要同样休闲。

在最初的几秒钟，（在你开口之前）你的举止和微笑一定要说明你习惯得到你想要的东西，以及你是一个非常熟悉成功谈判方法且不急躁的人。你的缓慢、沉稳和低沉的嗓音显示出刚刚是一位领导走了进来。（有意思的是，人们将权力和低沉缓慢的嗓音联系在一起。）

想知道我在说什么，你就去当地录像带出租店里租借由迈克尔·凯恩（Michael Caine）和史蒂夫·马丁（Steve Martin）主演的电影《偷心大少》（*Dirty Rotten Scoundrels*）来看看。在电影里，凯恩饰演劳伦斯·贾米森，马丁饰演弗雷迪·班森。如果你租借了这部非常有趣的电影，那么你就会看到凯恩如何训练马丁散发魅力和创造权力，以此吸引富有的女人。尽管这是一部喜剧电影，但是劳伦斯给弗雷迪的指导和教育却涵盖了本书这一部分的所有要点。

身体权力

确保你能够读懂他人的肢体语言，这和控制你自己的肢体语言一样重要。下面有一些建议，你可以快速学习、练习或领会一下。

- 如果你是站着的（我在谈判过程中经常站着，特别是在其他人都坐着的时候。这样我会有更强烈的心理立场……我的视线比他们高），你就要采用力量姿态：双脚分开30~35厘米，双肩舒展，脖子挺直，胳膊不要交叉，舒服地放于两侧。

- 如果你要进入一个房间，你就要保持你的走路姿态。微笑着稳步走进去，既不快也不慢。男人会在你走进来的 15 秒内确定你的领导地位……女人只用 3 秒！
- 坐姿：坐直（记住你妈妈说的话），不要靠着任何东西。不要向后靠着椅子，也不要趴在桌子上。
- 双脚平放在地上，不要在椅子下面紧张地互相缠绕，保持警惕性。
- 如果你想让对方看到你精力充沛，那么身体前倾，双臂摊开放在桌子上。如果你想表现得更放松一些，那么向后靠，但是胳膊不要交叠。
- 注意你的手：说话的时候不要随意摸脸，不要随意触摸鼻子到脖子的部分。除非你真的和其他人很熟或是在握手，否则不要碰他们。这些迹象都是在向其他人表明你没有说实话。
- 为了保持他们的信任，你的双手要随时伸出来。据观察，"魅力型"人的行为特征之一就是他们会反复向别人展示自己的手掌。不要把手放进兜里。
- 避免通过搓手、摆祈祷的姿势或双手紧紧握在一起直到关节变白来释放你可能感受到的任何压力。这是一种暗示！
- 你的眼睛是心灵之窗，所以你要和所有人有直接的眼神交流。如果可以的话，给别人一些微笑。
- 当别人和你说话的时候，不要越过他的肩膀看别的地方。他们会认为你不感兴趣……你感兴趣的……是吧？

第二个选择就是淡化你的权力。也许你还是决定自己看起来要很聪明和很有权威，但又似乎是在代表公司中某个拥有实权的人行事；在做最终决定之前一定要先联系总公司的高层领导者。谈判新手会发现，中东的许多谈判者会使用这种技巧。如果你觉得对方想要压垮你，那么这种技巧也会给你提供思考的时间。

当我独自面对谈判小组时，我就用这种技巧。在谈判中，当你是买方的时候，淡化权力和权威往往会起到很好的作用。这样一种表象往往会给你带来好处。

我的百万富翁叔叔〔罗恩（Ron）叔叔，他是伦敦北部的古董家具经销商和商业地产开发商〕有一套特别破烂的衣服，他总是穿着那套衣服去谈判。他甚至还用不同的名字，这样就没有人会把他和同一地区上流社会中经常出现的外表相似、衣着考究的富人联系在一起。

外在权力和内在权力

如你所见，大多时候强大的外表就是外在权力。如果谈判是在你的地盘进行的，那么你的工作环境就是你的外在权力的一部分。内在权力就是要有自信，这种自信通常建立在你之前的准备上。

如果你问这些权力为什么如此重要，我会告诉你，这是因为如果你的外表或内在态度看起来缺乏权力或自信，那么对方或许永远也不会和你达成协议。

总而言之，如果你想提升你的外在权力，那么你可以按照下面的建议去做。

- 让你的谈判环境适合当时的情景。
- 确保你的穿着符合当时的情景。
- 说话要既缓慢又清楚，声音要洪亮饱满。只有让谈判对方听清你说的话，明白你的意思，你才能达成协议。
- 降低声音，避免弱音调和高音调，让自己看起来很强大。
- 保持礼貌。

如果你想提升你的内在权力，那么你可以按照下面的建议去做。

- 记住美国的军事公式"6P"：提前准备可以预防较差的表现（Prior Preparation Prevents P*** Poor Performance）。多练习，练习是最好的谈判秘诀……但是几乎没有人这么做。
- 确保你在谈判的甲板上备好了你需要的一切，这样你就不会惊慌失措了。（就像飞行员说的："人在下而欲上要比人在上而欲下好多了。"）

最后，虽然我不鼓励大家使用计谋式"策略"（这种情况不多），但是我希望我已经打开了谈判新手们的视野，让他们了解了那些不择手段的谈判者可能会在谈判桌上使用的招数。所以既然你知道它们是什么，你现在应该使用它们吗？难道它们本质上不是很狡猾吗？

引用20世纪80年代理查森（Richardson）在BBC（英国广播公司）系列出品的《纸牌屋》(*House of Cards*)里扮演的邪恶的、虚伪的政治家弗兰西斯·厄克特所说的话："你也许会那么说……但我无法评论！"

第七章

"无意识不能胜任"与"有意识能胜任"

教育心理学家告诉我们，在学习新事物时，我们都要经历4个学习阶段：

- 无意识不能胜任。
- 有意识不能胜任。
- 有意识能胜任。
- 无意识能胜任。

他们把最低的层次称作无意识不能胜任。在这个层次，你不了解所学的知识，所以你不知道。因为不知道，所以你像往常一样行事，你并不知道你的行为方式是否是最有效的。

"有意识能胜任"是最后一个阶段（无意识能胜任）的前一个阶段。在这一阶段你明白如何行事，但是每次都必须思考，因为你还没有形成一个自然的好习惯。

学习的 4 个阶段

1. 无意识不能胜任

想象你是一个偏远丛林部落的人,从来没见过汽车,甚至不知道汽车的存在。如果是这种情况,那么你不知道你不会开车。你是一个"无意识不能胜任"的人。

2. 有意识不能胜任

有一天,你听到一声响,一个带着轮子的大型金属物体穿过了丛林,里面坐着一个人。这个大型金属物体停在了村子外面,你和村子里的其他人一起围着那个物体看。里面的人微笑着把门打开,走出来给聚集的人群分发糖果和小饰品。他让你看看里面……他指着这个物体说"汽车,你看汽车里有座位";他示意你可以坐在座位上。你坐了进去,等着汽车再次启动,它没动。现在你知道了有一个东西叫"汽车",知道它能行驶,但你不知道如何让它行驶。你现在是一个"有意识不能胜任"的人。

3. 有意识能胜任

那个微笑着的男人(奇迹般地说着你的语言)问你是否愿意学习如何让汽车行驶。之后他花了几天的时间教你驾驶、停车、启动、倒车和前进。你开始明白怎么做,但是要学的东西还有很多,你要用几个星期的时间来熟悉它。你必须有意识地思考每一个必要的动作,你正在变成一个"有意识能胜任"的人。

4. 无意识能胜任

一个月后,你可以开车了。你发现你能搭载你的伙伴去兜风,你还能一边轻松地和其他人交谈,一边控制着车行驶。"开车"已经成为你的习惯,你不用再主动地思考。你已经实现了行为的转变。现在你是一个"无意识能胜任"的人。

无意识不能胜任

作为谈判新手,许多人都会犯一些非常普遍的错误。无意识不能胜任很好地阐释了这些情况。

在这一部分,一般谈判者都应该看看下面 4 条行为建议(但是很少有人这么做)。

- 永远不要和生气的人争论。
- 不要说"和你说实话"。
- 不要说"这个想法很有意思,但是……"。

- 不要说"还有一点……"。

让我们一个一个地来分析。

永远不要和生气的人争论

在谈判中观看别人激烈地争吵可能很有意思,但若深陷其中就没有意思了。咆哮的报复性论点可能会让恃强凌弱的人满意,但却很少具有说服力。你可能会觉得这样好一些,因为你能"赢"过对方或"占上风",但是你所有的攻击并不能改变他们的想法。你在那儿也不是为了证明你是"对的"。

英国议会在每个星期三都会召开会议,按照惯例会播出一个叫作《首相提问时间》(*Prime Minister's Question Time*)的电视节目,议会成员可以在这个时候向首相提问有关政府当前政策的问题。

普通观众(包括美国观众在内的世界各地的电视观众)将会了解到,它经常发展成(或者我应该说"堕落")反对党和政府之间的争吵;这主要通过主要政党的领导人进行。

在《首相提问时间》播出时依据稳健性去评判赢家和输家的主要记者们密切关注着这场交锋。一方能以多快的速度"反驳"对方的嘲讽?一方如何能够用自己的反主张"压倒"对方的主张?

一方的攻击会让另一方产生防御和反击,而另一方则必须先防守后反击。下降的螺旋在失去动力前不会停止运动。这改变任何一方的想法了吗?当然没有。

和一个生气的人争论无非是火上浇油……这只会让事情变得更糟。

不要说"和你说实话"

不仅仅是谈判新手,商界的许多人都会说"和你说实话",他们认为这样在谈话中会更具"说服力"。"好吧,坦白地说……""在这儿和你说实话……""在这点上我和你实话实说……"。

关键是,"和你说实话"这句话的确会产生和预期相反的作用。它非但没有强调出你对另一方的坦率和诚实,反而会让另一方自问:"这么说,那你之前一直没对我们说实话?"

大部分一般谈判者会接着补充一些类似的话:"我们给你提供了一个非常好的报价",或者"这对双方来说是一个非常公平的提议",或者"你一定要同意,这对你来说是一笔非常好的交易"。

这些话无非是再次火上浇油。因为现在不是让人们提出异议:"……那么你现在的意思是你们特别公平,这点我们完全同意,我们可以看出你变成了一个强大的交易对手。"他们实际上是在思考:"……对方说公平合理,是在暗示我们不公平、不合理!"所以,告诉对方你对他们的慷慨大方并不是说服他们的有效方式,而且确实会起反作用。

不要说"这个想法很有意思,但是……"

许多商业人士都不知道沟通和说服的一个关键技巧就是"倾听"。研究人员告诉我们,大部分人平均只听别人说的前3个词。随后人们就开始思考如何回应,却没有在听。他们只是在等着轮到自己说话！一个好的倾听者需要有原则和专注力。我最近在两家英国日报 [《卫报》(*Guardian*) 和《每日电讯报》(*Daily Telegraph*)] 上看到,因为缺少愿意倾听别人说话的人,所以一个新的职业出现了,叫作"专业倾听者"。这些人并不是心理学家和精神病专家,他们只是坐在那里全神贯注地听需要表达的人说话。

在谈判中,不管你认为对方的建议有多么粗糙和愚蠢,你都一定要让对方认为你在听他们所有的建议。(正如我们已经讨论过的)人们非常重视自己说出来的话,实际上超过重视别人说的任何话(包括你说的话)。

因此,如果我们立即提出自己的建议("是的……这个想法很有意思,但是我们想建议……")去回应对方,那么对方就会认为我们没有花时间(依据经验法则,至少讨论10分钟)去讨论他们的建议,认为我们对他们的建议不感兴趣。所以,如果我们发现对方基本上没有什么反应,那么我们也不用感到惊讶。简单来说,如果其他人刚刚介绍完自己的想法,那么他们就更能明白我们的意思。

谈判不像一次典型的家庭聚会，每个人都在说话，却没有人在听。谈判是一个人们交换彼此的想法和建议的过程，所有这些想法和建议都必须得到听取，并以看得到的方式得到听取。正因如此，作为一个自认的连续讲话者（同时也是一个仍在学习的职业倾听者），我总是在记事本的顶部写一句话来提醒自己："也许他们是对的。"

不要说"还有一点……"

为什么商业领域里有那么多的说服学习者认为很多材料、大量特点、一堆论点和论据很有说服力呢？很多东西并不能让人信服。大部分争论是为了表明"你是正确的"，这在谈判中从未奏效。然而，商业领域里有很多人都上过大学，他们被教导要用大量的"论据"来支撑他们的各种书面工作，因此让他们接受这一点是不容易的。我曾听过一次美国销售技能作家和演讲家尼尔·雷克汉姆（Neil Rackham）的演讲，他说尽管他不喜欢在谈判中使用计谋式策略，但是他曾经见过一种有效的方法，可以用来应对受过高等教育的人（就像我刚刚描述的那些人）。他说在谈判期间，如果有一个聪明的（受过高等教育的）人对你方的建议提出异议，那么你就问他："你只关心这一件事吗？"这是一个非常有效的方法。那个"聪明"人被教导过论据越多越好，所以他

第七章 "无意识不能胜任"与"有意识能胜任"

一定会说:"还有一些其他的事情,是……"

然后如果你说:"就这些吗?"他一般还会再补充一些:"当然还有……"技巧就是让这样的事情多重复两三遍。有意思的是,那个聪明人接下来的支撑论点通常会一个比一个弱。最后,当他的论点太脆弱时,你就可以给出回应,比如:"如果我能接受你的建议,那么你真的不接受我们的建议,只是因为它比我们最初的报价高吗?"

关于有说服力的"支撑论点",你要记住的重要一点就是:找到一两个论点,然后坚持下去。就是这么简单。

有意识能胜任

另外,谈判者们还一直在使用其他一些真正有效的行为。作为谈判新手,你会发现,你每次正确使用这些方法时首先必须集中精力;你处于有意识能胜任阶段。但是通过一些正常的意识练习,你会发现你的谈判变得越来越有效率,你正在通往无意识能胜任(就是顶级谈判者的习惯)的路上。

能提问时永远不要陈述

英国喜剧演员和讽刺作家彼得·库克(Peter Cook)[曾经与身材矮小的已故影星达德利·摩尔(Dudley Moore)一起演过戏]

去世前在 BBC 的电视节目中演了最后一次喜剧。他扮演一位典型的职业足球经理人（艾伦·拉奇利），接受真正的电视节目主持人克利夫·安德森（Clive Anderson）的采访。这是一场典型的喜剧表演和一次很好的采访。当安德森让拉奇利说出足球经理人的成功秘诀时，他充满热情和激情地回答道："动力！动力！动力！动力！……"

商界充满着这些话和类似的格言，有的愚蠢做作，有的却非常准确。例如，在更加严谨且真实的房地产销售中，大多数专家会告诉你，经验表明，实际上是"地点、地点、地点"决定了住宅房屋的可取性。同样，经验也表明，现实谈判中的箴言就是："信息！信息！信息！"

对于所有的谈判者来说，一个关键的工具就是你要事先调查另一方的利益诉求。如果你找不到太多的信息，你就用你的直觉和想象力尽可能地去猜他们想要的东西。如果你站在对方的角度，那么你认为他们可能想要什么呢？你在坐到谈判桌之前"想到"的越多越好。一旦你身处谈判之中，你就要警惕所有迹象和无意识的信号，任何人都难以隐藏这些迹象和信号。你要一直寻找更多的信息并提问。能提问的时候你就不要陈述。如果他们问了你一个问题，那么你要明白他们为什么要问这个问题。

"所以你是想问能否签订一份两年期的回租合同？你能告诉我们这对你有什么好处吗？"

"这是一个很有意思的问题：我们能培训你们所有的人吗？如果我们不只培训前 10 个人，而是培训所有人，那么这对你来说意味着什么呢？"

我想起了自己在作为谈判新手时发现的两个谈判问题。

我没能弄清楚交易对方在回答问题之前询问一些事情的原因，所以导致谈判出现了一些问题。其中一次谈判是要向伦敦当地政府办公室销售大量的复印机，那是我有史以来经手的最大的一笔销售！买方的谈判者突然问我："埃瑟林顿先生，你们的这些机器非常重吗？"我急忙地说："不重！与其他同类厂商的机器相比，我们的机器最轻！"那个人说："噢，天哪……这可不是个好消息。我们想要重型机器……如果它们很轻的话，我发现我们的职员就会把它们挪到邻近自己工作的位置。或许我们需要再考虑一下这笔交易！"

另一次是我在纽约和一家美国银行谈判，目的是向它销售一个供 200 名外汇交易员使用的电子交易系统。这个系统可以让他们只需按一个键就能进行数百万美元的交易。在谈判的最后阶段有人问我："这个系统操作简单吗？"我说（手指交叉）："是的，非常简单。真的很简单！"交易主管说："啊……真的！这会给我们带来问题！我听说 XXXX 银行上周出现了一个问题，一位交易人员在摆弄键盘时意外地交易了价值数百万美元的债券！如果使用你们的系统也那么简单，那么我们就要面临同样的风险了！不，我们现在需要的是一种操作起来不是很简单的服务系统！"这简直令人难以置信，但它就是事实；我的快速回答给他敲了一记警钟。所以，你要一直寻找对方提出特殊问题的原因。你要一直寻找更多的信息、信息、信息！

记住，在商业环境中提问要比陈述更有说服力。

定期检查进度

在20世纪80年代早期，我是伦敦国际新闻机构路透社的初级销售主管。我的任务是为专业货币市场的经销商销售他们越来越复杂的电子金融交易系统。我有一个潜在客户是一家中东银行，我们非常想与它合作，因为它有可能会与欧洲和美国的银行进行广泛的外汇交易。在20世纪70年代和80年代的伦敦金融市场上，外汇交易是利润丰厚的市场。我在伦敦的联络人非常想继续下去，但是他告诉我，我必须尽快前往巴林（Bahrain）和"大老板"谈一谈。

我向我的老板提出了这次出差的想法，得到了许可，并预订了英国航空公司的航班（哎——"哈哈"，必须是头等舱；其他的机票已经卖光了），下飞机之后我就去了巴林进行谈判。我在那儿待了一个星期，向各种喜欢点头的高级阿拉伯银行家们解释路透社网络上以伦敦为中心的外汇交易对他们来说意味着什么。大部分时间他们都安静地坐着并礼貌性地点头，而我则继续滔滔不绝地说着我对他们参与外汇交易的看法。

最后一天是星期四,那是我抵达巴林后的第四天,我终于停止了说话。我问了大老板一个问题……也是我那个星期里问的第一个问题!

我说:"那么,祖巴里(Zubari)先生,你有什么问题吗?"

他回答说:"是的,埃瑟林顿先生。嗯……我们有一个问题!"

我问:"是什么问题,祖巴里先生?"

"我们不明白。"

"抱歉……祖巴里先生,您哪里不明白呢?"

他回答说:"所有的事情,所有的事情我们都不明白!"

整整4天过去了,我们显然还处在"起点"上。我当时目瞪口呆,但是我能做什么?难道他们听不懂英语?我们没有时间再去回顾我一整个星期的工作了。那是星期四下午晚些时候,我尝试地问了几个我认为恰当的"探索性"问题。但是提问的时刻已经过去了,他们的精神早已经"离开屋子"回家了。载我去机场的车到了,一群礼貌的人(大老板的谈判团队之一)送我去机场。

奇怪的是,我们在车上重新开始了关于外汇交易的谈话,我的东道主用完美的英语表达了他的结论……对于我的建议,他似乎比"完全不了解"好了一些。实际上,他似乎明白了"一切"。

但是，显然（他觉得）他和我可以利用坐车的时间来解决一些"问题"。你可能不会感到意外，我们最终在这段旅程中达成了一项协议。然而，东道主非常精明地评估了我的立场（雄心勃勃的年轻执行推销员……像骑着白色战马的骑士一样奔向全世界……非常昂贵的往返机票……在昂贵的石油城市的酒店里度过昂贵的一周……在这次汽车旅途的练习中获取信息的时间越来越短……我的老板在伦敦期待着我的好消息）。你认为最后谁能得到更好的交易？你已经猜到了！

不过，如果我"当时知道现在知道的一切"，结果可能就会大不相同。如果（那时候）有人告诉我在复杂的谈判过程中"定期检查进度和达成协议"是顶级谈判者的标志，那么事情就不会变得如此糟糕。如果我意识到定期"总结"是关键，那么他们在最后采取"我们不明白"这种策略时就会相当（不是"非常"）有难度。

由于对方未能定期总结事情的进展，所以这种对假定协议的理解和确认显然是失败的，这是许多狡猾的谈判者最喜欢的做法。然而，如果你不怕麻烦地去做这件事，你就可以处于控制地位。如果你确实处于弱势地位，他们就会制造一个虚假的最后期限并给你施加压力，就像那位巴林银行家一样，他成功地迫使我接受了一笔不太好的交易。

决定之前说出"原因"

"提问"是顶级销售者最喜欢的工具，原因之一是当潜在的交易对手回答你的提问时，思考答案就完全占据了他们的大脑，他们无法同时思考如何反对卖方的建议。同样，顶级谈判者也会用提问的方式来专注于谈判和控制谈判。然而，另一种保持对谈判的控制的重要方式是恰当地拒绝或反对对方的建议。谈判新手可能会认为，如果无法接受对方提出的"荒谬"建议，那么最好的回应就是立刻用十分明确的措辞让他们知道——这行不通！

然而，如果你观察一位经验丰富且成功的谈判者工作，你就会发现没有这样的即时反驳。事实上，在任何时候，这位经验丰富的谈判者都不会让对方以某种方式得到关于反对意见或不同意某些观点的警告。他反而会花一些时间去解释一些任何关于自身立场的细节，包括那些可以帮助对方理解的重要背景信息。只有在做出充分的解释后，他才会补充说明不能同意对方意见的原因。

例如："如果我理解得没错，你要求的合同是为期一年的？所以如果可以的话，我想说明一下我们的经营方式。我们的服务完全是私人定制的，可以满足你的个性化需求。我们所有的培训师都来自你选择的国家。因此，我们需要确保我们的培训师本身都经过全面的培训，以便为你的员工提供你所要求的那种全面的培训课程，而不是你不想要的那种简单的一次性两天培训课程。这种培训通常需要在我们的纽约办公室进行3~4个月。一旦完成培训,他们就准备回来开始在当地为你提供为期9~12个月的培训课程。这意味着我们即使从今天开始,也不可能在12个月内完成计划。就像你所说的,你们中一些人也需要更长的时间进行强化。所以,我们为所有定制培训设定了用时最短的两年期合同,而不是你所说的一年期合同。"

这种方法与人类心理学中一个令人惊讶的怪癖有关系,即如果我们一开始就给其他人提供一个简单的解释,那么他们就更有可能默许并同意我们的要求。我已经向许多企业展示了这个方法,但他们总说:"这对我没用!"

我举一个例子:如果你排队等着某东西,并且想要快点到达前面,那么你可能会认为,说一些自己的紧急情况可以增加穿过人群到达前面的机会。但是你会发现,假如你向你前面的人说明了原因,你就有80%的可能性被别人允许排到队伍的最前面,无论情况紧不紧急。

为了证明这一点,最近一组对此持怀疑态度的挪威高管参加了由我主持的一次名为"自信和影响力"的培训会。他们很有礼貌——挪威人通常都很有礼貌——他们的老板觉得公司里的其他人都在利用自己想要取悦别人的欲望。这导致他的团队工作负担过重,工作不得不停了下来。所以在午餐时间,我决定向他们证明这个特殊的技巧是有效的。我告诉他们我们要休息一下,让他们所有人都去公司餐厅做一些不太符合挪威风格的事情。

我让他们每个人都直接走到一个"饥饿"的自助服务队伍的前面（这是一家非常大的公司，所以餐厅总是很混乱，而且队伍排得很长，特别是在午餐刚开始的时候），并且准确地说出："请让我到前面好吗？因为我需要拿些吃的。"

也许你认为，他们如果说"……因为我午餐后必须立刻离开这儿去机场"或"……因为我 10 分钟后要和总经理开会"就能提高成功的概率……并不是这样。简单地说个原因（和站在那里的其他人的原因一样）就足以让其他人同意他们站到队伍的前面。事实上，在这种情况下，"自信和影响力"培训会的 14 位参与者都说他们被允许排到队伍前面了！

我（有点儿）惭愧地承认，我在全世界各地的机场都会用这个方法排到长长的锯齿状的安检队伍前面（"……因为我要赶飞机"），我也用这种方法在伦敦和纽约排到邮局队伍的前面（"……因为我要邮寄一个包裹"）。也许你会问如果每个人都这么做会怎么样。嗯……他们不这么做，也不会这么做。他们读到或听到过这个技巧，然后说服自己这并不起作用，所以他们永远都不会使用这个方法。

但是，我告诉作为谈判新手的你一个变通的方法：你要一直告诉谈判对手你的原因，然后告诉他们这就是你不能接受他们意见的原因……这个方法是有效的。

以信息为货币

大多数业余谈判者认为,在谈判中告诉对方太多自己的商业利益并不是一个好的或争取利益的谈判方式。当然,如果你期望卖个好价钱,那么告诉你的谈判对手太多["你说你特别想买10万本 J. R. 哈特利(J. R. Hartley)在1975年写的那本关于飞钓技巧的书。那么你来对地方了……我们有一个装满了这些书的仓库,我们非常想搬走它们!"]将给你带来大问题。

另外,如果你不告诉对手任何情况和你在谈判中想要达成的目标,那么这可能会限制他们帮助你达成目标的能力。所以,你最好想一想你愿意在谈判中交易什么信息。经验丰富的谈判者会与对方交换更多的"个人"信息,以探索可以在多大程度上信任对方并更多地了解对方的利益。

"好,你已经要求我们详细说明如果交易继续进行我们可能会采用的订购顺序(我们已经这样做了),你也要求我们列出使用这项服务的现有客户名单(我们也这样做了)。现在,在我回答你最后一个问题(对于这个项目,我们还在联系哪些其他的潜在客户)之前,我们想请你同样详细地回答我们提出的几个问题。"(也就是说:"你向我展示你的,我才向你展示我的。")

谈判新手也需要知道(与我推荐给你的处理异议的方式不同——在前一部分详细地说过)在谈判中敲响警钟是值得的。重要的问题来了:"女士们,先生们,有一些事情困扰着我们。约翰，我们在这一点上真的想问你几个问题，同时我们也希望你的回答可以说明情况。问题是……首先，你们的电话销售人员在销售我们的产品方面有多少经验？其次，我们可以和能证明你们实力的哪位现有大客户谈谈？"

在你的重要问题上挂一个大标志牌，然后大喊"问题来了"，这样的戏剧性效果旨在将房间里每个人的注意力都集中在约翰和他的答案上。这意味着约翰和他的团队必须要说出一个真实的答案，而在场的所有人都会记住他的答案。他知道如果他不回答，这个问题就会在项目的后期阶段对他产生困扰。

第八章

整合信息

这需要心理学和极端暴力的特殊融合!

——维维安 [亚德里安·埃德蒙松（Adrian Edmondson）], 20 世纪 80 年代 BBC 系列剧《超现实大学生活》(*The Young Ones*)

谈判就像两条平行的铁路轨道，"我方"开着蒸汽机车行驶在一条轨道上，"对方"（或"另一方"）开着蒸汽机车行驶在另一条轨道上。如果我们各自朝着同一个方向行驶，而不需要对方提供煤、水、司机或消防员方面的帮助，那么我们就不需要谈判。我们不需要任何帮助就可以抵达目的地。

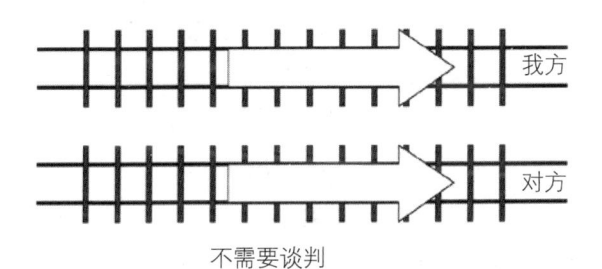

不需要谈判

如果我们在平行的轨道上驾驶着两辆机车，却朝着相反的方向行驶，那么我们就无能为力了，双方毫无合作的机会。

只有当我们与对手朝着相同的方向行驶，并且能向他们提供帮助时，谈判才有可能进行。他们也能帮助我们，双方可以互补。

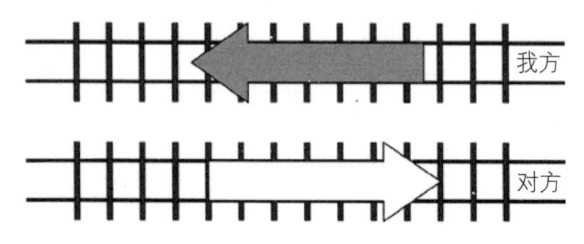

不可能谈判，完全在相反的方向。
没有帮助彼此的机会

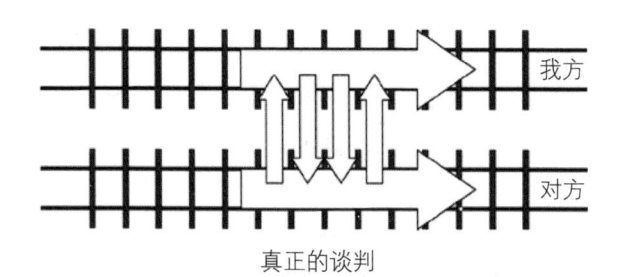

真正的谈判

在真正的谈判中，我们在向着各自的目的地前进时分享共同的利益。谈判为双方达成协议创建了框架，使双方至少能在部分特定的领域合作。在上述情况中，我们双方可能会讨价还价，若我们能为他们提供一个司机和一些煤，他们也许就会给我们提供一个消防员和一些水。

值得注意的是，如果我们有他们想要的东西，而他们又没有办法从我们这里拿走，并且他们那里也没有我们想要的东西（除了钱），那么双方就不会谈判，我们只会直接把产品卖给他们。

因此，尽管谈判可能（通常确实）包括一些金钱的交换，但通常也包含其他东西，而这些其他东西可以作为最终协议的一部分进行交换。

所以针对谈判，我们一定要有协调各种可以讨价还价的因素的能力。这可能偶尔会让人感到有点儿痛苦，因为我们当前的需求和他们的不一样。因此，尽管我们真的想要合作，但是满足对方需求的同时可能会给我们带来困难。

例如，为了让并行的机车行驶得久一点，慢一些的货运机车就想让客运快车慢一点，以便进行资源交换，而客运快车则希望货车能加快速度赶上它。这可能让人沮丧，但它们有一个共同的目标，即寻求合作，因为谁都不知道它们今后在同样的平行铁轨上有没有合作的需要。

合作和"囚徒困境"

实现人们合作的价值是谈判成功的核心因素。"囚徒困境"（the Prisoner's Dilemma）是一项众所周知的哲学练习，世界上大多数商学院都会用这项练习来让学生思考商业合作的利弊。

向学生展现的情景是这样的：两个臭名昭著的重罪犯因涉嫌犯罪而被警察逮捕。他们被分开关在不同的牢房里，警察分别向两个人提出了下面的建议。"我们非常肯定你们两个一起犯了罪，但是我们没有证据。不过，如果你告诉我们是你的同伴自己犯了罪，那么我们就会把他抓起来坐 10 年牢，然后将你无罪释放。但是如果他说你犯了罪，而他什么都没做，那么你就要坐 10 年牢，他将被无罪释放。如果你们两个都否认犯了罪，那么我们就不得不把你们都放了。然而，如果你们承认是合伙犯罪，那么你们就只用坐一年牢。所以事实是怎样的呢？"

在一次讨论"囚徒困境"的时候，老师邀请学生玩一个叫"红色/蓝色"的游戏。在这个游戏里，全班被分成两组，每个小组按照两张卡片把"困境"表演出来：一张红色，一张蓝色。

这时老师非常认真地宣布游戏的目标是获得正分。

游戏一共进行了十多轮，一开始老师让每个小组（悄悄地）说出他们选择红色还是蓝色。一旦每个小组在对方看不见且听不到的地方确定了自己的选择，老师就会公布如下的选择和分数。

- 如果两组都选择红色，那么两组都减 200 分。
- 如果两组都选择蓝色，那么两组都加 100 分。
- 如果 A 组选择蓝色，B 组选择红色，那么 A 组减 200 分，B 组加 200 分。
- 如果 A 组选择红色，B 组选择蓝色，那么 A 组加 200 分，B 组减 200 分。
- 每组每一轮获得的分数都会累积到总分数中。

- 从第四轮开始，两个小组可能会协商（谈判）下一轮的选择。
- 从第八轮（含）开始，两个小组在每一轮开始之前一定会协商。

通常的情况是，尽管老师之前说过"游戏的目标是获得正分"，但至少有一组学生认为他们的目标是每一轮都赢过对方（以牺牲对方为代价）。虽然从第八轮开始两个小组会频繁地协商，但这样的事情还是会发生。两个小组确实通过协商达成了口头一致，不过（你瞧）至少有一组选择的卡片和之前的协商结果不一样。这样有一组就会领先，而另一组有理由感到失望并撒谎，事情就这样发生了。因此，两个小组开始只为自身的利益做出选择，并试着误导对方，整个游戏从那时起就恶化了。当他们终于注意到老师说的目标是"正分"的时候已经太晚了——他们大约在第七轮的时候会试图扭转恶性循环的局面。

这是一个很鲜活的例子，证明对于需要持续不止一笔交易的商业关系而言，合作和诚实是关键。

顺便说一下，不要和家人玩这个游戏，否则你可能再也不会和他们说话了！

那么，谈判新手为了入门进阶并在合作谈判中获得双赢或接近双赢的结果，该如何准备以使用本书前七章的所有内容呢？

我参加的大多数谈判活动（有培训，也有积极谈判）都是

"顶端的"，主要集中在国际货币和能源市场。在这两个行业中，高管层通常在每一个可议价的项目上都会对谈判小组施加一定的限制，这自然也限制了我们在谈判中可调整的幅度。就像我在第二章里所说的，最近高管层经常要求谈判小组在谈判之前提出一项切实可行的备用计划。因此，这导致谈判小组首先需要和所有相关部门进行内部谈判，以便在进行外部谈判前让内部人员先达成一致。

内部谈判和外部谈判的规则和工具完全一样，但是内部谈判通常更难。在这种情况下，成功往往取决于有说服力的演讲技巧（推荐一下：看看我写的《演讲技巧》一书），而非你的谈判技巧。这是因为公司政策和实际的成本削减限制了部门领导帮助你的能力，而这并不违反内部政策。

大约20年前，当我被要求为一家著名的金融信息公司设计一个国际销售竞赛奖时（当时我在那家公司工作），我"越权了"（哦，这太恐怖了！）。我在谈判期间先行一步租用了一位著名国际企业家的加勒比度假岛，可是租金超出了我商定的预算。不仅如此，在未经欧洲、美国、英国、中东和亚洲的区域经理们同意的情况下，我还在继续为这个特别的奖项工作。总经理在下一周的区域经理会议上知道了这件事，他显然很生气。他在伦敦给我打电话时仍然很生气，骂了我15分钟，骂得我体无完肤。结果我真以为我要被停职了，但让我惊讶的是，他突然停下来说："好吧。臭小子……干得好！！"

我惊呆了。显然，公司的政策要求他公开指出我的不当行为。但是他经过思考，认为我的"越权"行为在那种情况下显然是对的，所以后来我没事了，免于惩罚。那天我的守护天使一定保佑我了！

问题是，当我们违反授权时，没有哪个谈判人员能够指望发生这种偶然的事情。在经历了上面描述的小事故之后，和公司其他的谈判伙伴相比，我更注意确定自己的任务，这给我带来了好处（毕竟，我现在在公司里是一个有标记的人物）。结果，我再也没有让自己处于那样不利的地位。

所以我建议你，如果你的谈判是顶端谈判且需要内部授权，那么你就花费大量的时间来确定一些细节问题。努力工作以获得内部授权，这样你就不用在谈判之后将任务转手了。

4个前期准备步骤

- 明确自己的目标。他们为什么要和你谈判，以及你为什么要和他们谈判。
- 清楚地陈述你的备用计划的内容（见第二章）。
- 如果你需要上级的授权，那么你就申请一下，但要尽可能确保它是你能得到的最好的、范围最广的授权。

- （和你的整个"有渴望的"谈判小组一起）做出希望和对方合作的决定，如果有必要，在谈判中修改一些你所选择的商业条款。（你不能从头到尾只是坐在那儿坚持你的标准条款！）

当你做完以上 4 个步骤后，准备工作的下一步就是拿出一张纸做一个简单的 SWOT 分析［优势（strengths）、劣势（weaknesses）、机会（opportunities）和威胁（threats）］，这是许多项目管理培训计划的基本工具。

举一个例子：假设我们是一家大型木材批发商，目前世界上特别缺少木质栅栏板（实际上是在 21 世纪早期），我们自己的客户也迫切地想得到一些木质栅栏板。我们的挪威供应商想在伦敦和我们就接下来几个月的供应合同进行谈判。

下表展示的是我们的 SWOT 分析。如果你不怕麻烦地坐下来思考，而不是仅仅"希望"谈判成功，那么你会惊讶自己能想出对方那么多的弱点。这些能在你开始谈判之前增强你的自信。

另外，这可能有助于你考虑一些出人意料的事态发展：在这个紧张的市场上，他们有很多潜在客户吗？挪威的这个地区几年来都没有真正寒冷的冬天，会不会出现问题——会影响冷杉树的生长吗？你需要检查所有的事情。

谈判双方	优 势	劣 势	机 会	威 胁
我方	即使我们不是英国最大的客户，也是他们最大的客户	我们真的需要这笔交易，因为他们拥有全世界最大的松林资源	我们也许可以把他们介绍给我们的北美联合公司	如果我们失败了，我们就会流失一些老客户
	一旦这种暂时的短缺过去，市场上可能就会有大量的木质栅栏板。只有他们让我们感到满意，我们才会购买	我们暂时想不到其他的优质供应商	他们知道我们总是在30天之内支付货款。他们永远不用追着我们要钱	他们可能会找到另一家愿意支付更高价格的公司
对方	在市场紧张的情况下，他们能非常迅速地供货给我们	当然，一旦目前的短缺结束，就会供过于求，价格会大幅下跌	如果在这笔交易上他们让我们满意，我们就会给他们提供供应其他原生木材的机会，我们之前都是在别家购买那些原生木材的	如果他们在这方面失去了我们，他们可能就会认为我们不满意，然后他们将不得不寻找其他和我们出价一样的客户

第八章 整合信息

（续表）

谈判双方	优　势	劣　势	机　会	威　胁
对方	他们可能会猜想我们暂时找不到其他供应商	降雪偏少和全球变暖会影响冷杉树的生长和他们的利润吗？最好早点查明这些问题	—	在付款时，任何替代我们的客户可能都不可靠

谈判的 SWOT 分析

谈判时的权力不是任何人给你的，你要通过内在感知把权力和信心表达出来。你要确定你收集了所有的信息，特别是当你要列举自己的优势时。

没有谁的生活或生意会毫无问题，我们都会遇到问题。但是由于一些原因，我们都认为自己的问题比对方大，自己的弱点比对方多。在计划阶段站在对方的角度思考，这样能帮助你了解对方可能会遇到的问题。这和备用计划会减少你的悲观，给予你更多的信心。

你会发现就谈判的下列方面进行 SWOT 分析是有益的。

- 谈判内容的可取性或其他方面。
- 这些内容的竞争力。
- 可能影响市场的变化（没有什么是一成不变的）。
- 结果对你和（猜测）对方的重要性。
- 你和对方之前的关系。
- 你或他们需要这笔交易的急切程度。

现在你可以开始准备和制订计划了

SWOT 分析已经给你提供了大量的信息。但是就像我们在第三章中讨论的，向对方说一大堆的事实和数字并不是一个很有说服力的策略。

在公司要我主持的石油行业的第一次谈判培训会上，参与该项目的一位地质学家说，他通常的谈判策略就是把所有的想法和需求都告诉对方，这样就可以尽快得到结果。他还说他讨厌讨价还价的过程。他确实是一位谈判新手。我用了一个星期的时间向他证明，许多事实本身并不具有说服力。

高效的谈判者一旦积累了信息，就会首先思考如何使用这些信息。

和往常一样，在这样一本书里，我们在准备阶段使用助记符。作为一个不为人知的悲观主义者，我自己也有一个很好的助记符，它能确保我花时间做好准备。

这个词就是"GLITCH"，如果没有它，我早就陷入麻烦了。

- G（goal，目标）——你在这次谈判中想要做什么？
- L（LIYBP，备用计划）——你的备用计划是什么？
- I（impale priorities，优先事项）——你绝对优先考虑的事情是什么？你一定要得到什么？
- T（targets，范围）——每个可变项目的目标和制约因素是什么？
- C（concessionary costs，让步代价）——你会因为让步花费多少钱？
- H（heart，真心）——你真心（渴望和态度）想达成最好的交易吗？

你的目标是什么

任何一本励志书都会告诉你，如果你想要得到某个东西，那么你从一开始就要知道自己想要什么。大多数人甚至都不知道他们这个星期、这个月或这一年的目标是什么，更别说他们对整个人生或即将到来的谈判有什么目标了。对于大部分人来说，确切地知道自己想要什么确实很难。如果头脑中没有明确的目标，那么即使是高智商的人，也很容易为了一些他们本不想要的东西去谈判！（请看我之前举的例子：在早期的培训中，大家用 54 美元或更多的钱来竞拍 50 美元的钞票！）

对于谈判者来说，最艰难的事情就是将目标设定在恰当的水平上。像"尽全力取得最好的价格"这样的目标就太模糊了。或者目标是"达成最低限度的协议。如果他们想要的培训时间少于 40 天，那么培训时间至少要 20 天，每次培训至少要支付 1 900 英镑的费用且不能打折；如果推迟课程或取消课程的时间少于一个星期，那么就要全额支付费用"，这又太具体，只是一个目标清单，没有留出讨价还价的空间。

对于谈判新手来说，设置目标的一个更加实际的方法就是使用"我们需要……因为……"模式，这样当你在谈判桌前陈述最大利益时，它就会提醒你整体的目标。

- 我们需要在这次谈判中取得明显的双赢结果，因为如果预计的行业衰退明年发生的话，这位客户仍然会雇用我们。
- 我们需要和鳄鱼石油（Aligator Oil）达成协议，因为这样我们就能被业内人士视为可靠的顾问。
- 我们需要今天就达成协议，即使这意味着利润分成，因为这家公司打算在接下来的 5 年里主导会议市场，我们和他们的合作有巨大的潜力。
- 我们需要保持目前的收入水平，因为任何的改变都会开创先例。作为回报，我们会在全球合同中提供更大的灵活性和取消权，因为他们是很出色的客户。

一旦你明确了自己的目标，你就应该检查你的SWOT分析表，看看是否需要添加一些信息，特别是对方可能持有的观点以及对方的备用计划。如果你是对方，那么这次谈判失败的话，你会有什么备用计划？一旦你形成了这样的想法，你就会提前思考如何削弱它！

备用计划

我不打算在这里重复第二章的全部内容。但是，在谈判时能否实现真正的权力平衡通常取决于你或对方有多想达成交易。你越对自己说（就像我在第二章里引用的赫布·科恩的话）"我在意！……我真的在意！……但没那么在意！"，你就能做得越好。内在的自信能防止你不小心做愚蠢的交易，而这种自信通常源于你已经做好了明确的备用计划。在谈判中，这不仅仅是最坏的情况。当你不能实现你的目标时，你要记住这一点并学会判断。

事实上，生活的各个方面都需要计划，并且你要把它写在纸上。如果当前的A计划不奏效了，那么你要做些什么才能让自己的行为举止更加自信呢？作为一位职业销售人员，备用计划一直都在我的计划之中。这意味着当一个计划失败时（总是有一些我无法控制的原因导致计划失败），我还可以实行其他计划。在我作为一个一次性服务的买家住在纽约时，从广告、文案、印刷、会议组织到大量的酒店房间预订，我总是确保每个行业都有很多供应商能够真正提供我需要的服务。

你还要记住，他们也很有可能准备了备用计划，所以尝试评估一下他们的备用计划是什么。但是永远也不要忘记，这只是你最好的评估结果。实际上，他们可能不会告诉你，如果事情不成功他们有什么其他计划，所以你不要心存依赖。想想你可以以哪些方式做出反应，然后按最实用的顺序把它们排列出来。

抓住你的优先事项

谈判很少只是因为"钱"。经验丰富且成功的谈判者都知道，他们坐在谈判桌前的首要原因不只是"讨价还价"。谈判通常有很多事情需要讨论和讨价还价，但这些事情的权重并不相同。你看重的事情也许对方并不看重。令人惊讶的是，很多管理者没有对员工薪酬等重要因素进行加权评估。

如果你询问的是一位即将坐下来和员工谈判"薪酬和工作条件"的经理，那么研究结果表明，他们一直认为从员工的角度来看重要的事情（重要程度由重到轻）是：（1）钱；（2）工作安全性；（3）职业前景；（4）工作条件；（5）工作兴趣；（6）公司的可信赖度；（7）灵活的纪律程序；（8）公众对工作的欣赏；（9）目前处境的认同度；（10）业内地位。

然而，通过更多的研究和内心的自我质疑（换位思考），他们可能能更加准确地评估员工真正看重的事情：（1）公众对工作的欣赏；（2）业内地位；（3）目前处境的认同度；（4）工作安全性；（5）钱；（6）工作兴趣；（7）职业前景；（8）公司的可信赖度；（9）工作条件；（10）灵活的纪律程序。

所以，你要非常认真地优先考虑（特别是从对方的角度）可能会出现的所有讨价还价的因素，这对于所有成功的谈判者来说都是很重要的一步。这是一项任何谈判新手都不能忽略的任务。

最好的方式是以表格形式确定和权衡优先考虑的事情。

- 第一，以 SWOT 分析表为基础，记下所有可能出现的因素，不考虑其重要性，也不考虑你是否会在其中任何一项上做出让步。
- 第二，（和上述员工动机一样）将自己放在对方的立场上，写下对方可能想要讨论的其他问题。
- 第三，根据你方的情况衡量每一个因素的重要性。根据既有的 80/20 规则，在项目的前 20% 达成一致可能会带来 80% 你想要的结果。因此，如果谈判桌上有很多讨价还价的筹码，那么优先排列前四或者前五的筹码，之后把剩下的筹码按中等或低等程度排序。
- 第四，从对方（可能）的角度权衡你写下的每个因素。记住，他们不是来自火星的怪物，他们基本的人类驱动力和你的一样。因此，利用你迄今为止获得的所有市场情报和信息，以及你作为人类的基本经验来关注这个过程。

这样做是值得的，因为它大大降低了交易对手提出意外事件的可能性。我曾听说过，在一次关于培训项目的谈判开始之前，客户最关心的是我们的"可靠性"。以前的供应商只会"出席"、"递交材料"和"不添任何麻烦"，这些都是让他们失望的方面。所以，我们要确保我们能够"证明"自己的能力，即在谈判时带着参考资料和财务保证，这是让我们能很容易进行讨价还价的条件。

讨价还价的因素	我方优先考虑的事情	对方优先考虑的事情
培训费	2	3
合同期限	1	中等
定制模块	4	中等
培训材料	中等	4
许可证协议	3	2
履约担保	低等	1

第八章　整合信息

列出所有这些谈判要点也会增加你实现资深谈判者的梦想——"获得双赢"的可能性。这是因为除了钱,你列出的所有因素都是谈判的筹码。

在实行"抓住优先事项"的过程中,你一定要将其与你的谈判目标进行比较,以保证两者一致。

例如,如果你的目标是"我们需要在谈判中获得双赢,因为如果预计的行业衰退明年发生的话,这位客户仍然会雇用我们",但你优先考虑的事情排在第一位的是"培训费",那么这两者就不一致,而你需要在谈判开始之前再思考一下。

范　围

在"艰苦的磨炼"中,我已经明白了在"获得授权"阶段过于热情和急于取悦管理层并不好。这常常意味着当我之前的乐观预期无法实现时,我就不得不转向新的任务。因此,我总是要确保我的目标在本质上能更加灵活。

我不会再说:"我不会给超过 7% 的折扣。"我现在会说:"如果我能让他们专注于'可靠性保证',那么我可能会同意给 5% 的折扣。然而,如果他们同意在接下来的 3 年里培训 150 天,那么我实际上会给 10% 的折扣。但没有人会得到比 10% 还多的折扣。"

在这一过程中,我设定了我认为可以实现的最高和最低的谈判目标。所以,在我开始谈判时我已经和自己谈判过了,并在为

（个人）授权而努力。

就本质而言，谈判意味着我必须有能力在讨价还价的过程中改变条款，而预先确定条款会让这一过程变得容易得多。顺便说一下，不要在谈判的一开始就让对方知道你准备的最大限度是"10%"。如果你这么做了，那么你会发现你最终会让步，让他们把你榨干！

如果你很了解市场，那么你应该能合理地预测出对方的想法，也可以看出哪里可能会出现问题。

最好的目标	可能的目标	最坏的目标	他们的目标
30万	25万	17万	17万
3年	2年	1年	1年
10%	7%	5%	10%
固定3年，无须再谈判	如果零售物价指数（RPI）超过4%，则再谈判	12个月之后再次谈判	12个月之后再次谈判

在我的培训业务中，我的目标范围一直是：如果通货膨胀在3年或3年以上的时间里出现恶化，我有能力重新谈判长期合同的条款。而我的客户自然喜欢把所有的事情都敲定下来，这样他们就能提前知道一个项目的培训成本是多少。这通常需要双方都

具备一些创造力，这样我们才能取得最终胜利。

让步代价

"永远不要创造先例。"我大部分的职业生涯都在金融信息行业里度过，其中有一个同事的桌子上贴有一个小标语，内容就是这句座右铭。与暂时不能和你的其他客户达成协议的一方达成协议是一个危险的行为。当有人泄露（噢，真的泄露了！）他们没有交换就从你这里得到了一笔特殊交易的消息时，很多愤怒的客户就会给你打电话。

> 不是我不能保守秘密……是我告知的那些人不能保守秘密！
>
> ——亚伯拉罕·林肯（Abraham Lincoln）

所以，当你要衡量你做出的让步需要付出多少代价时，它可能比钱更重要！声誉、坦诚、可信赖都是商业中非常重要的考虑因素。很多业务都是靠推荐获得的，我们谁也不敢冒险被逮个正着。如果你为某一方提供服务，那么你就必须准备好向所有人提供同样的交易基础：如果你为我做这件事，我就为你做这件事。

当谈及让步代价时，销售人员和谈判者对他们销售的产品和服务的赢利水平知之甚少，这总是让我很惊讶。也许给出5%、7%甚至10%的折扣能保住业务，但当你在一份完整清单的最上方看见赢利之前必须要考虑的固定和可变成本时，你会感到非常担忧。

例如，一个单价为1 000美元的产品或服务，其中含有800美元的成本和200美元的利润。如果谈判者同意给对方整个价格10%的折扣，那么他们的利润实际上就会减少50%！为了维持正常的商业运作，我们用利润提供工资、养老金、假期、红利和所有不重要的事情。

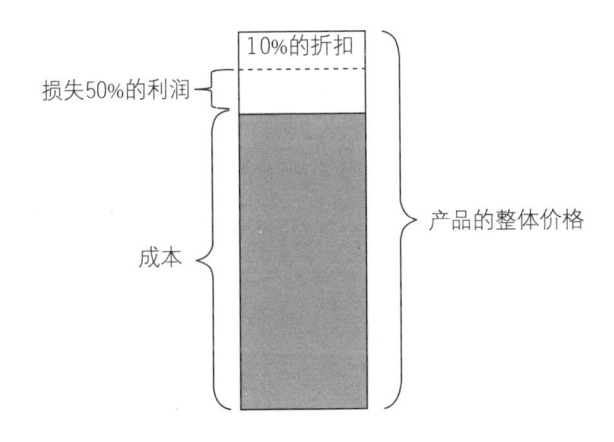

所以，在谈判前你一定要确认自己已经计算过让步的代价了。观察每个变量，计算让步的代价，看一下你能让步到什么程度，不仅仅是钱。

真　心

现在，你已经读到这本书的结尾部分了。

只要你做好充分的准备，做足功课，并有成功地从对方那里得到你想要的东西的"渴望"，谈判就不难。

如你所见，充满自信地坐下来谈判需要时间，主要是你需要投入时间进行"前期准备"。即将开始的这项谈判值得你投入时间和精力吗？

你有这份心吗？

当你坐在谈判桌前时，对方可能会对你使用各种策略，这将让你投入更多的时间。对方可能会试图设置一个可怕的"最后期限"，让你觉得时间不多了。所有的这些策略通常都是为了让你疲惫不堪。但是对方回到谈判桌前就是因为你有他们想要的东西……记住这一点。就像军事行动一样，他们可能会试图摧毁你的精神："看，你想回家，我们都想回家……所以让我们现在就达成协议吧，不要再浪费时间了。"

停下来！

你有这份心吗？

你现在达到目标了吗？也许你是一个谈判新手，但是你后兜里有什么东西鼓起来了？是的，你有备用计划，所以你有信心！那么是走还是留呢？

"我的意思是我们给你 90 000 英镑，这可能比你期望的少，但是我们会看看你第一个项目完成得如何，然后也许……"

如果你让步了，那么你会损失多少钱呢？再看看那些计算的结果。对于 90 000 英镑，你需要一份为期 5 年的合约，否则这行不通。

"我告诉你，如果我们今天能以 90 000 英镑的价格达成协议，那么在下个月举办的迪拜行业会议上，我们会为你提供一次演讲的机会。主要的企业决策者将出席会议，其中有 200 位来自世界各地……"

你的目标是在这个行业里扩大业务，而他们恰好为你提供了一个黄金机会。钱只是目标范围中的最后一个，但演讲机会处于目标范围的顶部。如果你现在同意重新谈判的条款……同意。

你有这份心！

继续前进……你再也不是谈判新手了。

我期待你的成功！

附言：除非你希望达成你能想到的最好的交易，否则永远不要参与谈判。